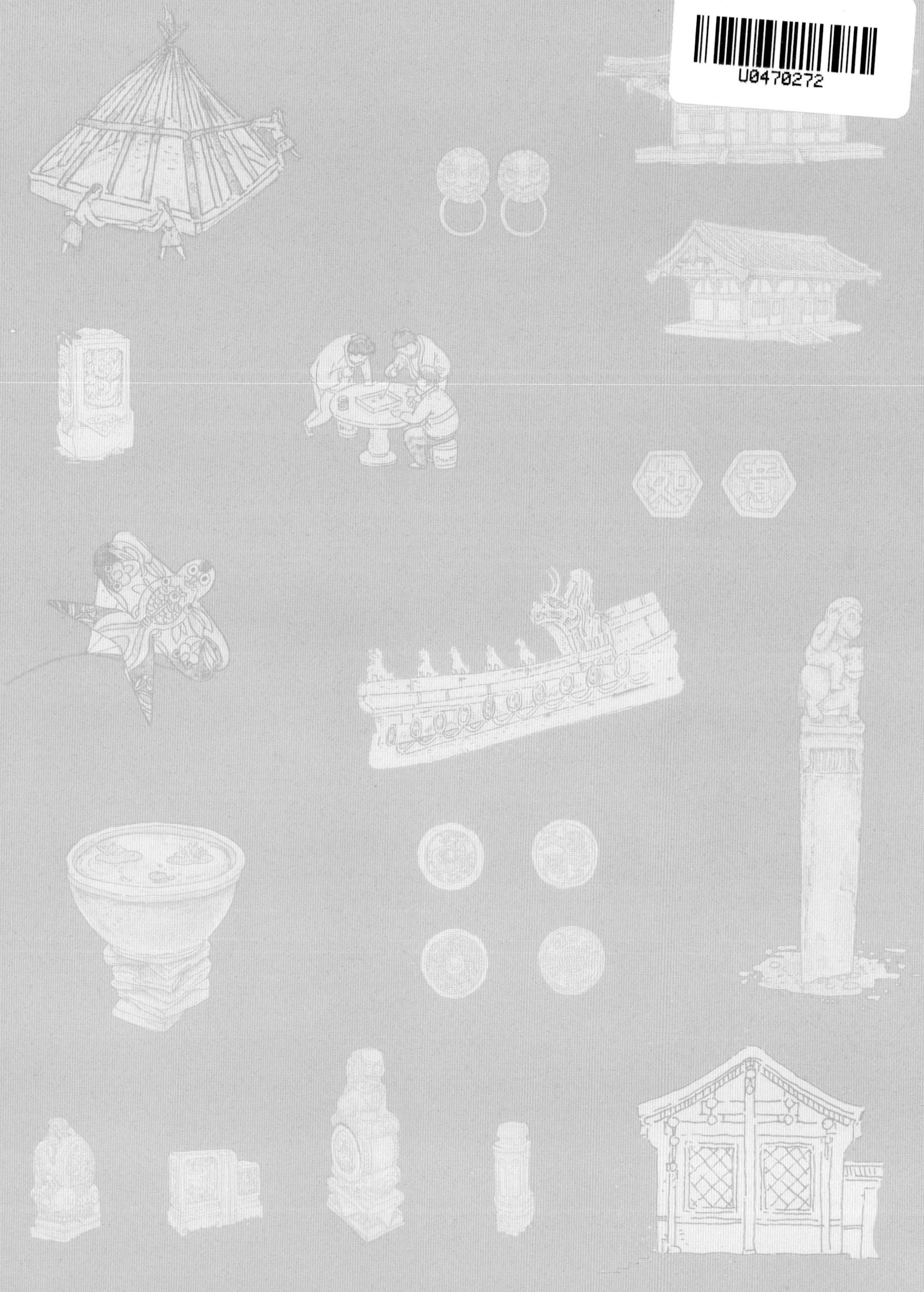

韩茂莉

北京大学城市与环境学院教授，博士生导师，北京大学博雅特聘教授。主要从事中国历史地理方面的教学和研究工作。出版学术著作6部，发表学术论文60余篇。"中国历史地理"课程2008年获国家级精品课、2019年获国家级精品在线开放课程、2021年被教育部列入第一批国家一流课程。

张晓明

鲁迅美术学院传媒动画学院讲师、辽宁省综合画种艺委会委员。已出版的绘本作品有《海霍娜的门》《百鸟朝凤》《有多远，有多近》《不安分的世界》《天河的声音》《山东正在说》《勤学与善思——孔子》等。

文明史里看中国

手绘中国四合院

韩茂莉 著　张晓明 绘

北京出版集团
北京少年儿童出版社

图书在版编目(CIP)数据

文明史里看中国. 手绘中国四合院 / 韩茂莉著；张晓明绘. — 北京：北京少年儿童出版社，2023.3
ISBN 978-7-5301-6442-6

Ⅰ.①文… Ⅱ.①韩… ②张… Ⅲ.①北京四合院—青少年读物 Ⅳ.①K203-49

中国版本图书馆CIP数据核字(2022)第217224号

文明史里看中国　手绘中国四合院
WENMING SHI LI KAN ZHONGGUO　SHOUHUI ZHONGGUO SIHEYUAN

韩茂莉　著

张晓明　绘

*

北 京 出 版 集 团　出版
北 京 少 年 儿 童 出 版 社

（北京北三环中路6号）
邮政编码：100120

网　　址：www．bph．com．cn
北京少年儿童出版社发行
新　华　书　店　经　销
雅迪云印（天津）科技有限公司印刷

*

889 毫米×1194 毫米　16 开本　5.5 印张　200 千字
2023 年 3 月第 1 版　　2023 年 3 月第 1 次印刷
ISBN 978－7－5301－6442－6
定价：68.00 元
如有印装质量问题，由本社负责调换
质量监督电话：010－58572171

序

家，是个温暖的小窝，暖在心里的是浓浓的亲情，遮风避雨的是砖石泥瓦的房屋。家的温暖长在人心上，就像牵动风筝的那根线，无论是厮守故土，还是漂泊万里，归途有短有长，不变的是回家的心愿。

家，是那么的重要，人们对于罩住亲情的房屋自然分外在意，在意它的样式，在意它的用材，在意它的颜色，更在意砖石泥瓦间透出的内涵。于是，建筑不仅有着遮风避雨的功能，也成为一种文化。文化是一种讲究，院落中的一砖一石、一花一木，都在习惯中成为规矩，又在辈辈相传中被承袭下来，成为人们固定的偏好。

中国这么大，从南到北约5500千米，从东到西约5200千米，一方水土养一方人，每方土地上的人们营造自己的家，总会注入家乡的特色。或粉壁乌瓦，或木梯板壁，或依山开窑，或临江吊脚……天南地北的人们根据家乡的环境，精心营造出各式民居。然而，尽管各地之间未经商量，也没有效仿，民居间却暗含着建筑布局的一致性，这就是四合院的基本特征。

什么是四合院呢？这是听着熟悉，却需要解读的问题。建筑学早就为四合院类型的建筑做出定义，但凡一处院落具有四周封闭，以中轴线对称的布局，就具有四合院的基本特征。真正的四合院，不仅在于院子是四方的，更关键的是院内4个方向都有房屋，占全东、西、南、北，进向四合。

人们会问：既然中国古人不方便进行信息沟通，但各地几乎都将四合院建筑要素包含在自己的院落中，这是为什么？解读这个问题的答案涉及古代的规矩与讲究。《礼记》里讲了这样的规矩：修建宫室或房屋，一定要严格区分内外，即使一家人，也要男子居外，女子居内。怎样才能做到内外有别呢？四方的院落围上院墙，又在院子里面分成内院、外院，有了这一切还不够，为了充分利用空间，院落中4个方向均需安置房屋，这就是四合院格局的由来。

《礼记》的那个时代距离今天太远了，那里面的很多讲究，今天的我们并不认同，但古人却一直视为经典，并将其作为做人做事的准则。于是本着内外有别的规则，各地的房屋样式固然很不相同，却不约而同都采用了四合院的建筑要素。

当我们走向世界，不难发现欧美人喜欢将自己的家建在一片绿地上，周围只有浅浅的篱笆、低低的栅栏。孩子的嬉戏，大人的忙碌，都在路人的视线中。西方人的开放与东方人的内敛，是历史与文化让人们之间有了这样的差别。

四合院这种中国建筑形式是历代先民智慧的结晶，也是中华传统文化的重要组成部分。了解四合院，对于我们了解中国古代建筑和中华文明是十分重要的。

韩茂莉

目录

四合院的历史

黄河流域的半地穴民居　3

长江流域的干栏式建筑　4

最早出现的四合院　6

汉代的四合院　9

唐代的四合院　10

宋代的四合院　14

明清的四合院　16

四合院的地理分布

山西的四合院　20

云南的四合院　22

长江流域的四合院　24

西北的四合院　26

其他地区的房子　28

北京城与四合院
元大都的街道　32
北京四合院的组合方式　34
北京城里的王府　36

北京四合院文化
北京四合院的构造　43
北京四合院的大门　44
北京四合院里的其他讲究　52

四合院里的童年
老北京的岁时　64
院墙外的吆喝　68
院子里的游戏　72

四合院的历史

　　四周封闭，以中轴线对称布局的院落就可以称为四合院。四合院这种建筑形式并不专属于一个地区，也不专属于一个时代。

　　那么，四合院的历史到底有多久了呢？让我们先一起看看我们的祖先们住的房子是什么样子的吧。

气窗
月牙形的气窗,便于排出屋内火灶产生的烟气

屋顶
屋顶用草铺成

大房子
一个聚落通常有几个大房子,主要给氏族里的老人和儿童居住

火灶
地穴里有烧饭用的火灶

地面
地面是硬土,铺上草可以休息

柱子洞
靠近地穴边缘处均匀分布着几个柱子洞,便于插上柱子来支撑草棚屋顶

地穴
在房子里的地面,挖出一个浅坑,能达到冬暖夏凉的效果

黄河流域的半地穴民居

5000~7000年前，甚至更早，居住在北方黄河中下游的先民们住在半地穴民居里。这样的房屋冬暖夏凉，住着很舒服。

考古发现，地穴里有烧饭的灶，地面是硬土，铺上草就可以休息。靠近地穴的边缘均匀地分布着几个洞，这些洞里当时应该立着柱子，用来支撑草棚屋顶。让我们一起看看远古先民的日常生活吧。

入口
方形洞口是小房子的入口

木栅
木栅可防止大型野兽袭击

小房子
大房子周围有若干小房子，入口朝向中间

斜坡通道
大房子地面比外面低，斜坡通道方便人们进出

仰韶文化时期的大房子的内部结构
在陕西西安半坡村仰韶文化聚落遗址中发现了一些较大的建筑，这些"大房子"大约出现在母系氏族社会，是氏族首领及老人、儿童等人居住的场所

黄河流域的半地穴民居

长江流域的干栏式建筑

与黄河流域不同，长江流域不仅气候湿热，还分布着密集的河流、湖泊和沼泽。为了适应这里的环境，7000多年前，人们发明了干栏式建筑。浙江余姚市河姆渡遗址就留下了大片干栏式建筑遗迹。

没有门窗

在原始社会，人们还不会制作门窗，早期的房屋都没有门窗

木梯

从地面进入房屋的工具

制陶

人们掌握了制陶技术

干栏式建筑就像长着大长腿的房子。人们用木桩或竹桩将屋底架起，让房屋悬空，这样可以不直接接触潮湿的地面，还可以防止野兽虫蛇的侵扰。房屋上面铺上树枝和茅草，遮风挡雨。

让我们穿越时空，一起去看看7000多年前长江流域原始先民们的生活吧。

生火做饭
屋内没有火灶时，人们在外面的地面上生火做饭

编织席笆
人们用茅草编织席笆，铺在搭建的木架上，做房屋的墙壁和屋顶

钻木取火
早期人们通过钻木取得火种，后来人们在干栏屋内设了火灶，火种就可以长期保存了

最早出现的四合院

在原始社会，无论黄河流域，还是长江流域，都还没有出现四合院。我们所知的最早的四合院在今陕西岐山凤雏村的周原遗址内，距今已经有3000多年了。考古学家发现的这处西周宫殿建筑基址是一个二进院落，沿中轴线自南而北有广场、影壁、门道，以及左右对称分布的堂屋。这处宫殿基址坐北朝南，沿中轴线对称，整个院落四周环绕着回廊，已经具有四合院的建筑特征了。

到了春秋战国时期，随着封建统治秩序的确立，建筑也逐步地融入了等级观念，对宫殿等居所的大小已经有了等级化的区别，如《礼记》："天子之堂九尺，诸侯七尺，大夫五尺，士三尺。"到了汉代，这种等级观念在建筑中体现得越来越明显。

这是一个非常标准的坐北朝南二进院落的四合院

影壁

周原遗址宫殿复原图

后室

回廊

前堂

殿堂的台基比院落地面要高一些，这是商代建筑没有的特征

大门

周原

周原是周文化的发祥地，是周人重要的聚居地。早在3000多年前，周朝人就生活在这里，留下了大片的宫殿遗址、甲骨和青铜器。

瓦，没有釉，灰色

角楼

正房

阶基

墙体是夯土与木制结合

门窗

西厢房

瓦当

角楼

瓦当

有圆形和半圆形两种，并装饰有动物、植物或文字纹样。

汉代的四合院

汉代的四合院遗址比较少，考古学家在距今2000多年的汉代墓葬中发现了大量画像石和陶制的建筑模型。这些建筑模型小到民居、仓房、圈舍，大到坞壁、望楼，较为直观地向我们展示了汉代四合院的样式和类型，也间接地展现了汉代人的生活。

建筑颜色主要是材料本来的颜色，不加以过度的装饰

高楼

东厢房

门厅

门楼

汉代四合院的格局复原图

坞壁

除庭院式的四合院外，汉代民居还另有一种称为坞壁的院落。坞壁如同小城，四周有围墙环绕，前后开门，坞内有望楼，院落的四边建有角楼。整个家族都居住在坞壁之内，白天出外从事农业生产，夜晚回到坞壁里。坞壁是汉代尤其东汉社会动荡时期，大户人家为了自家的安全而兴起的建筑样式。汉代的坞壁和今天福建的土楼有很多相同之处。

唐代的四合院

唐朝是中国历史上一个盛大的王朝，也是中国封建社会经济文化发展的顶峰期，此时建筑也得到了巨大的发展。当读到李白的"长安一片月，万户捣衣声"时，你能想象得出月下长安城是什么样子的吗？根据唐三彩四合院模型推测，当时的院落沿中轴线有大门、影壁，随后是一进或二进院落，每个院落均由正房、东西厢房构成。三进院落有一溜儿后罩房，这样的建筑布局已经与后世的四合院没有什么区别了。

唐代歇山顶房屋

唐代悬山顶房屋

长安城的颜色

到了唐代，黄色成为皇室的专有颜色，皇宫寺庙多以黄色、红色为主；红、紫为王公贵族专用，而普通百姓只能用灰、白、黑等颜色。

大明宫复原图（局部）

东市和西市

长安城有东市和西市两个市场。东市主要卖"国货",服务达官显贵;西市聚集了很多通过丝绸之路来到长安的西域、中亚和西亚的商人,主要服务平民。

为什么叫买东西,而不叫买南北?

对于这个问题流传多种解释:

第一种说法是,唐代长安城有东市和西市,人们购买物品要到东市和西市,所以有了买东西的说法。

第二种说法是,当年张骞出使西域,沟通了东西经济文化交流,达成了跟西方的贸易往来,所以有了"买东西""卖东西"的说法。

第三种说法与五行相关,因为东西南北对应的五行分别是木、金、火、水,篮子可以装木、金,却装不了水、火,便有了"买东西"之说。

唐代的里坊

　　唐长安城大体呈正方形，中轴线最北是皇宫太极宫，东北是大明宫。长安城内按里坊制划分街区，城内的道路笔直宽阔，里坊间最窄的道路也有 25 米宽。

　　里坊四周建起高墙，每面开一道门，叫"里"或"坊"。因为当时长安城实行"宵禁"，晚上"闭门鼓"响过之后，人们就不能随意在街上走动了，但仍可以在坊内听曲、喝酒。

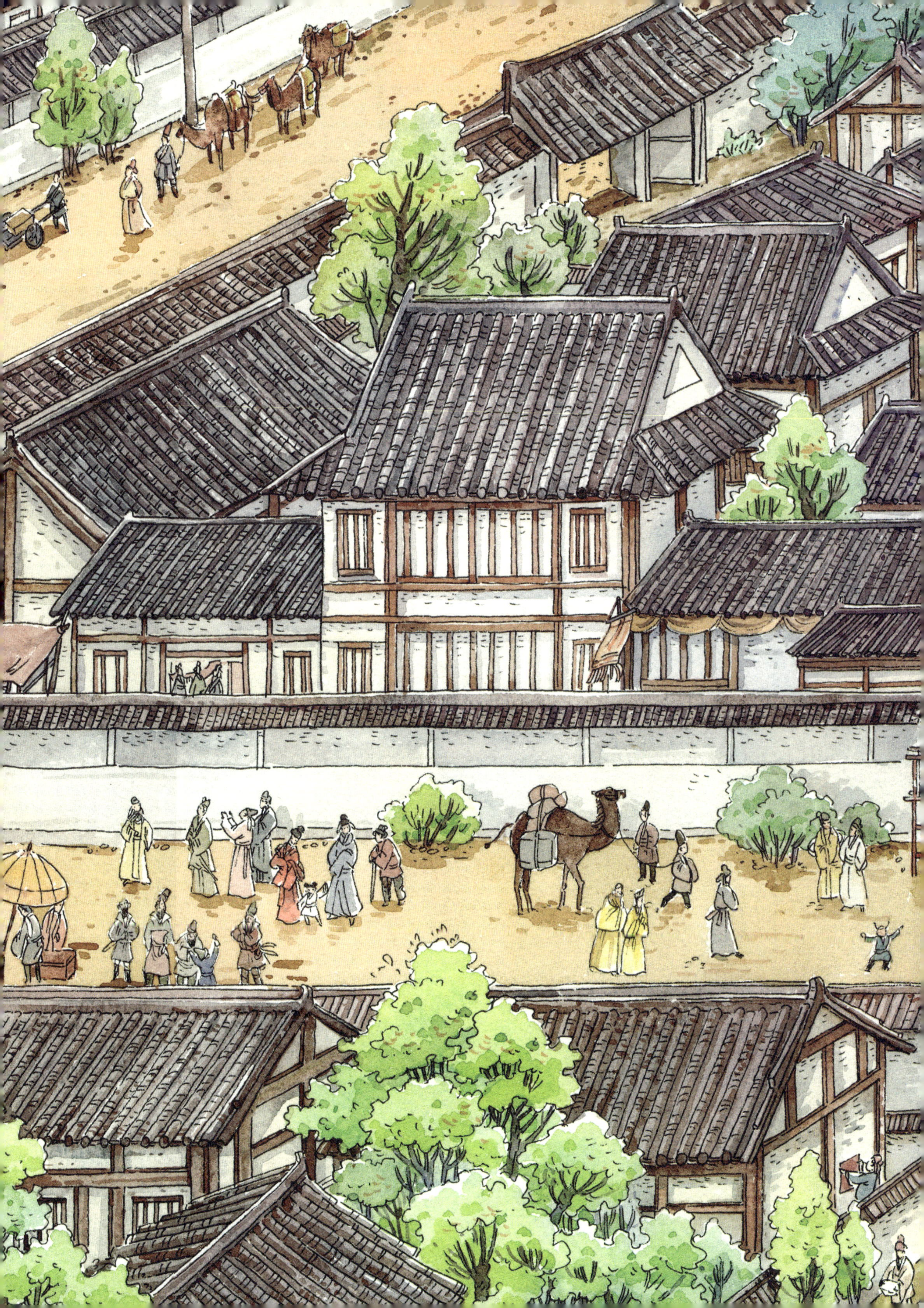

宋代的四合院

宋代诗词有对城市的描述，苏轼词中"试上超然台上看，半壕春水一城花。烟雨暗千家"的密州（今山东诸城），柳永词中"烟柳画桥，风帘翠幕，参差十万人家"的杭州，司马光诗中"洛阳春日最繁花，红绿阴中十万家"的洛阳，这里的千家万户大都是四合院。宋代的绘画作品留下许多房屋建筑的样子，在著名画作《清明上河图》中能看到四合院的边角。

《千里江山图》中的乡村四合院

城里的建筑是四合院，那乡下的呢？北宋时期留下一幅名画《千里江山图》，画面中群山层峦起伏，江河烟波浩渺，山水之交也绘有几处茅庵草舍。仔细看去竹篱所在之处，四面皆有茅舍，也自成四合院格局。

宋代城市的四合院

宋代四合院的院落结构更加复杂，院子周围用廊屋代替了回廊。宋代里坊制已被取消，商人可以沿街开店，同时也取消了唐朝的宵禁制度，开设了夜市，一些商铺甚至可以通宵营业。另外，宋代的四合院院落与园林结合得更加紧密了。

明清的四合院

明清时期，距离今天也就几百年，所以很多地方至今仍存留一些老宅、老屋。这些饱经风霜的宅院，残垣断壁间仍然不失东、西、南、北四面皆有建筑的特点，成为现存的最古老的四合院。比如，河南商丘穆氏四合院、河北定州"中华平民教育总会办事处"旧址、浙江东阳卢宅、浙江绍兴周恩来祖居、江苏常州瞿秋白故居、北京爨底下村……尽管岁月的流逝会湮没许多往事，但这些老房子让我们能触摸到历史，触摸到往日的"家"。

北京爨（cuàn）底下村

爨底下村始建于明朝，至今已经有500多年的历史了。村中现保存有74套明清民居宅院，主要以四合院为主，也有少量的三合院。像这种整个村子都是明清四合院，并且整体保存相当完好的，十分少见。它既具有北京四合院的特征，又具有浓厚的地域色彩，是一种特有的山地四合院。

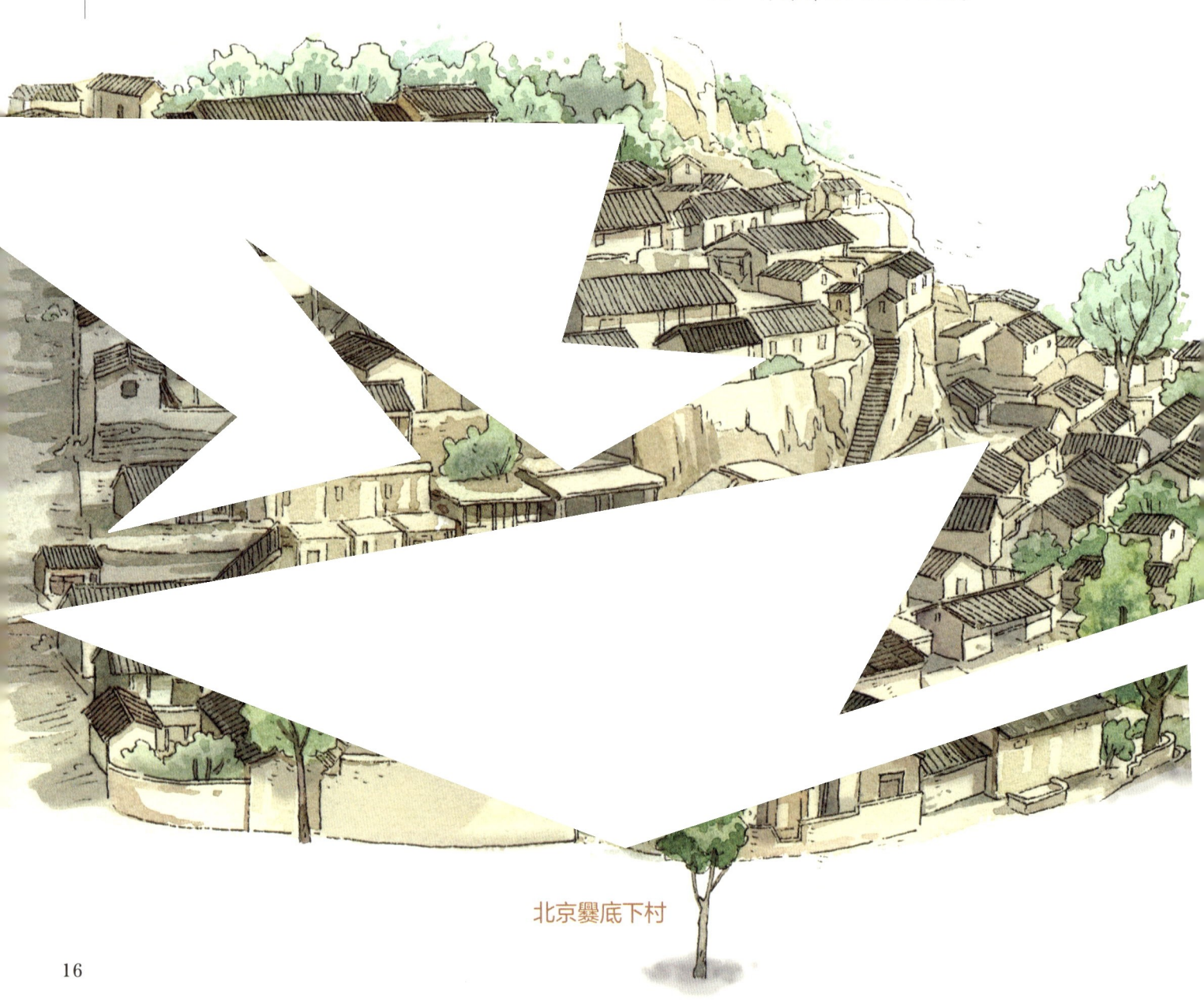

北京爨底下村

江南四合院

四合院不仅仅用于居住

无论文物、遗址，还是保存至今的老房子，它们将四合院的历史串成一条脉络，从远古迈入当代。尤为不寻常的，是在中国四合院数千年的历史中，人们并没有只将这种建筑用作民居，宫殿、官衙、佛寺、道观……几乎所有古代建筑，都采用了四合院的形式，宏伟的紫禁城，散布在全国各地的千百座寺庙，无一不是四合院。四合院成为我国使用最久、最具传统特色的建筑形式。

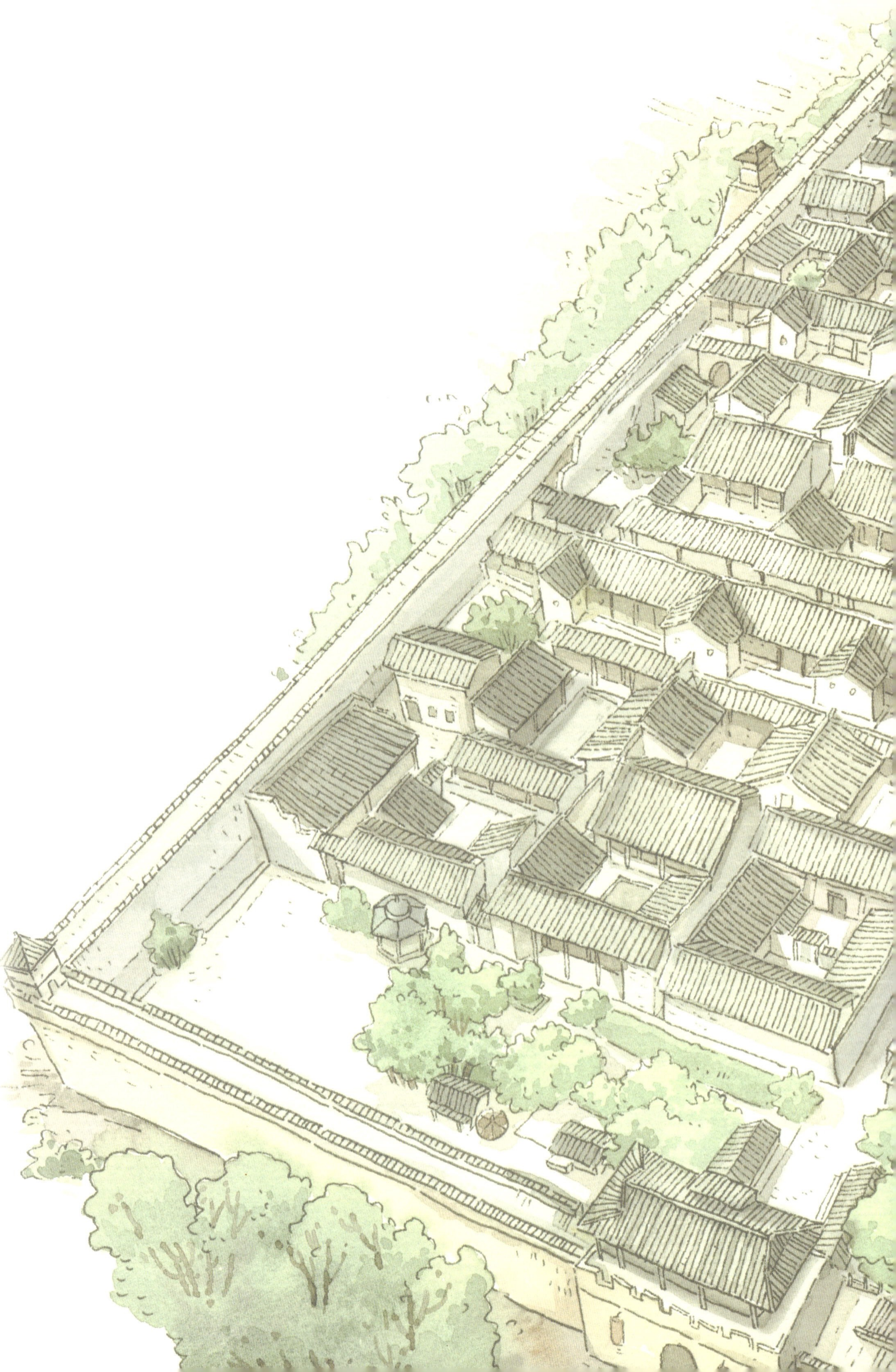

四合院的地理分布

不同朝代，人们都采用了四合院作为主要的建筑形式，四合院的历史让我们看到了文明的积淀。

中国很大，各地建造的四合院又因地理位置、自然环境而各有差别，不同地域的四合院都有着自己的地域特征。让我们看一看，中国不同地域的四合院有哪些特点吧。

山西的四合院

电影《大红灯笼高高挂》，让山西的乔家大院名声大噪。山西留下来的老宅大院可不仅仅只有乔家大院。在山西，几乎每个县城都有几处老宅子，有的处于闹市，有的则在乡村。

山西的四合院以二进院居多，院落多为长方形。无论正房、厢房，一般人家建的都是平房，大户人家则多建成两层小楼，砖木雕饰精细而富有内涵。因为山西的降雨不多，屋顶多数会选择一面坡。为了让"肥水不外流"，屋顶会向内倾斜，让雨水流入院内。

山西的大院由许多四合院组合而成，更像一座城。坚实的院墙，高耸的门楼，外加屋顶上的望楼，的确有城的规模和气势。

王家大院的门楼

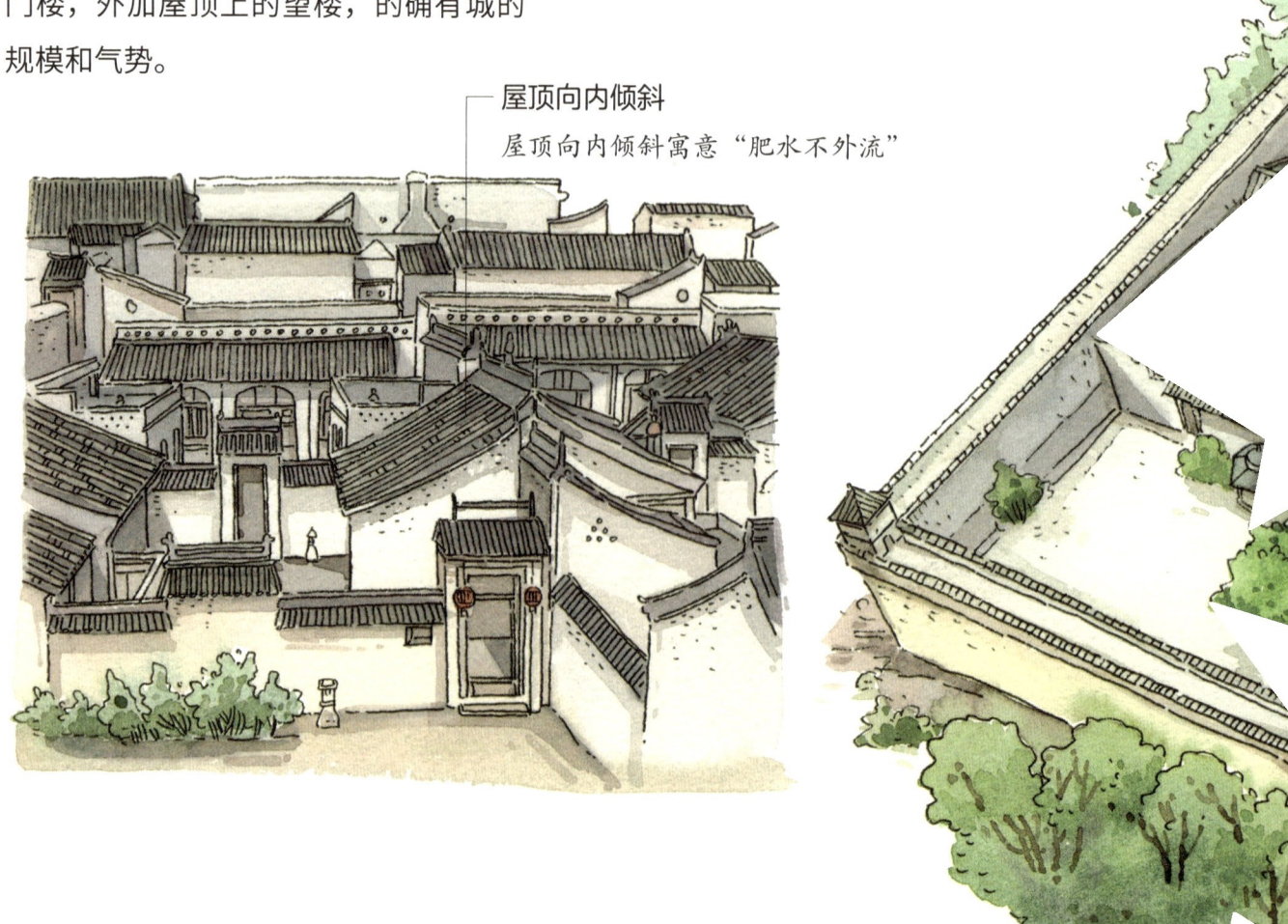

屋顶向内倾斜
屋顶向内倾斜寓意"肥水不外流"

王家大院

王家大院因保留了大量极具艺术价值的木雕、石雕、砖雕作品，有"华夏民居第一宅"之称。这座距今 300 余年修建的明清古建筑群，竟然比故宫还大，是一座具有传统文化特色的建筑艺术博物馆。南北向的主街将建筑群分成左、右两部分，3 条东西向的横巷和主街正好形成了"王"字。王家大院的格局，传承了西周时期"前堂后寝"的庭院风格，处处透着门第威严，礼制规整。

云南的四合院

《五朵金花》是60多年前一部家喻户晓的电影。影片中的一个婚礼场景的拍摄地点是在云南大理喜洲的白族传统民居内。白族的传统民居也属于四合院，建筑学将这类民居俗称为"一颗印"式建筑。

"一颗印"式建筑的院落大门位居院落的中轴线上。走进院子，通常对面有3间正房，左右各有两间厢房，当地人称这样的布局为三间四耳。耳，说的是左右两侧的厢房。临街一面为倒座房。除倒座房外，三面房屋均建成二层小楼。宅院外面环以高墙，外观方方正正，很像古代的官印，所以有"一颗印"之称。

在云南中部地区，这类民居很盛行，白族、彝族、纳西族、汉族都喜欢这种样式的民居。

硬山式屋顶

腰檐

云南"一颗印"式民居

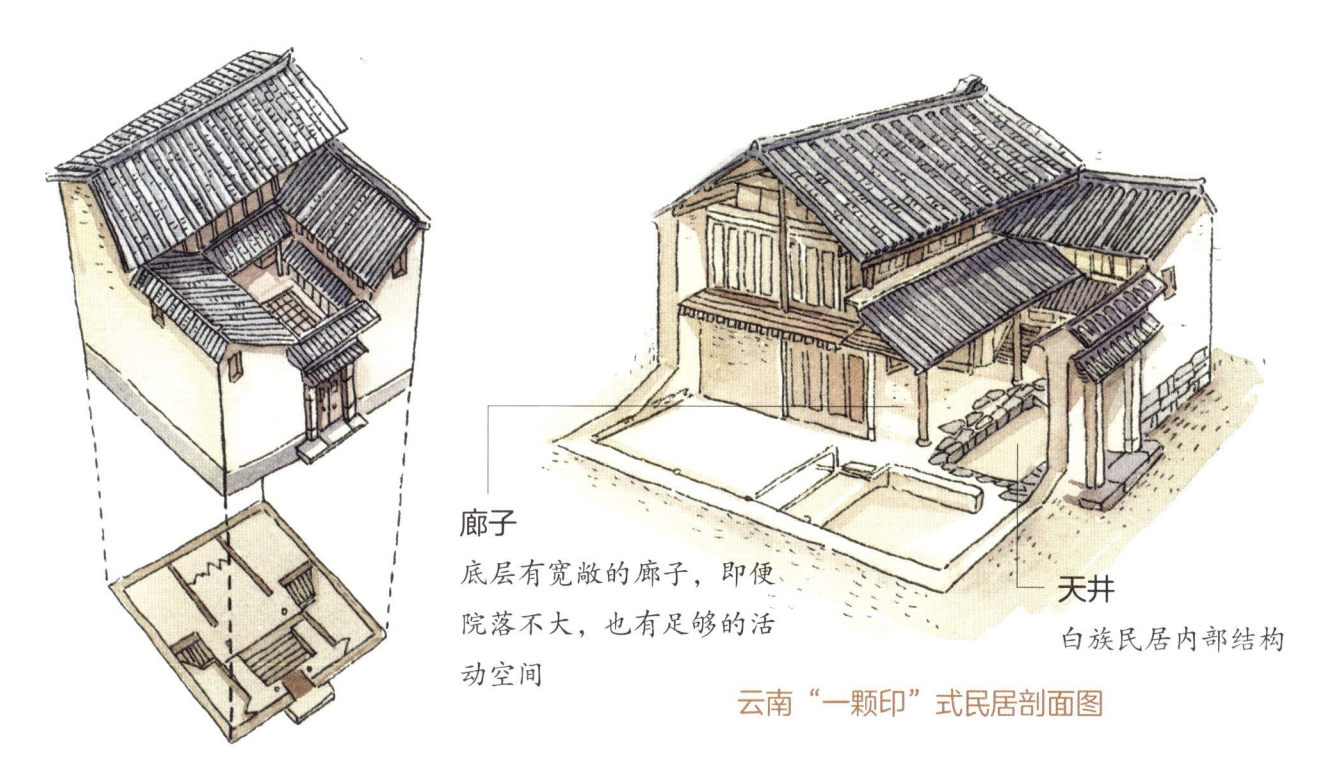

廊子
底层有宽敞的廊子,即便院落不大,也有足够的活动空间

天井
白族民居内部结构

云南"一颗印"式民居剖面图

云南"一颗印"式民居的结构图

正房
正房要比其他房屋高一些,对面是稍矮一些的照壁,这样院内的房间视野就比较开阔

小条窗
小条窗通风、美观、质朴

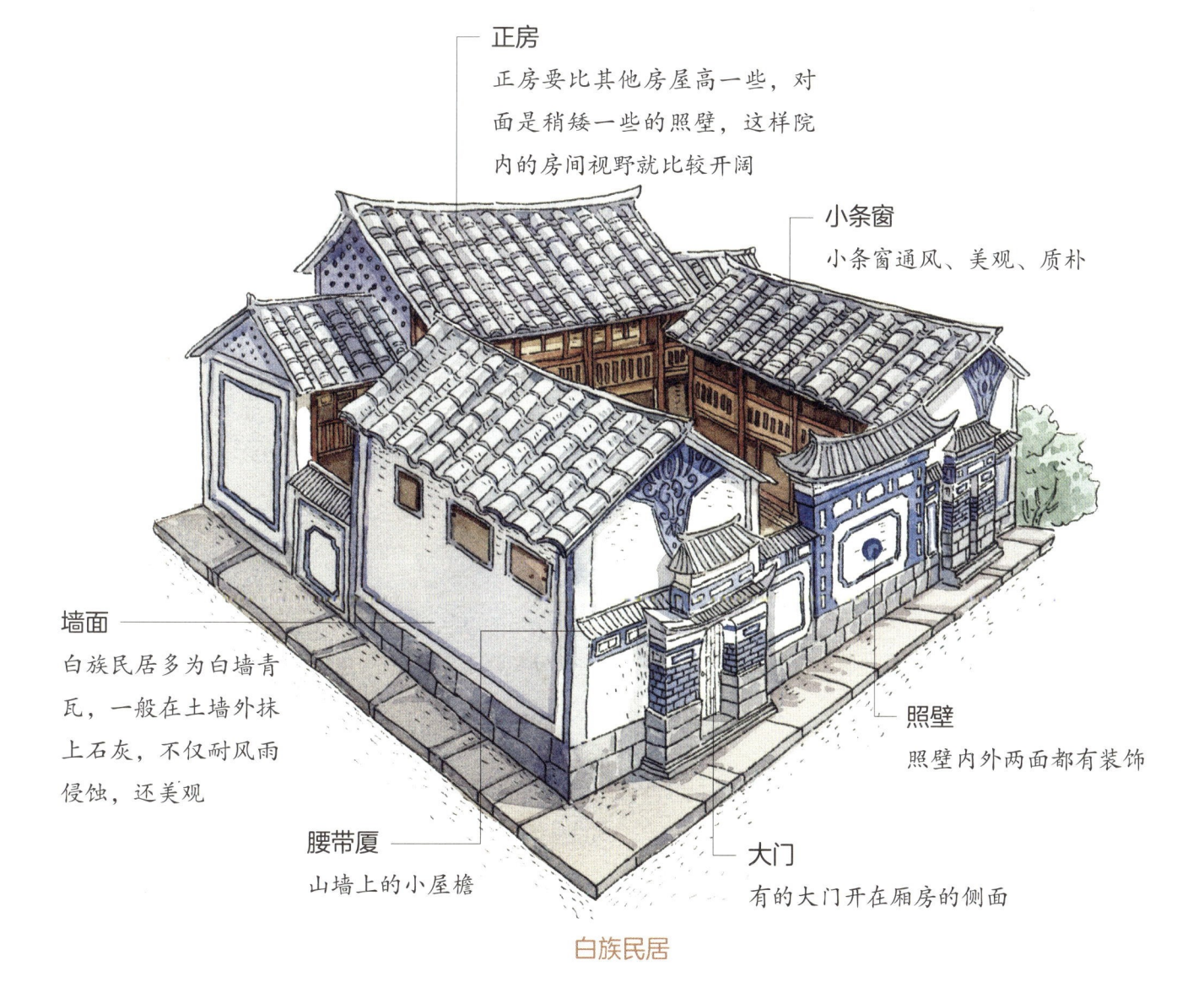

墙面
白族民居多为白墙青瓦,一般在土墙外抹上石灰,不仅耐风雨侵蚀,还美观

照壁
照壁内外两面都有装饰

腰带厦
山墙上的小屋檐

大门
有的大门开在厢房的侧面

白族民居

长江流域的四合院

四水归堂式建筑结构是长江流域四合院独有的。最典型的四水归堂民居在安徽徽州。徽州位于安徽南部，地处丘陵山区，也许正是为了适应这样的环境，那里的民居布局紧凑，占地面积不大。走进大门，迎面正房为大厅，后面院内是二层小楼。当然，整个院落最受关注的是"四水归堂"的天井结构。天井就是由四合房围成的小院子。东、南、西、北4个方向的屋顶彼此相连，雨水顺着内斜的屋顶从四面流入天井，有四水归堂、水聚天心的寓意。江南一带的夏季十分炎热，为了遮阳，天井都不大，四周高屋围堵，状如深井。走进静谧的古村，伏在老屋的窗口，远处是石板小街，低头则是自家的方寸天地，时光似乎将昨天与今天锁在同一片屋瓦之下。

徽州的民居是四水归堂类型四合院的典型代表，但是这样的民居并不限于一地。沿长江水路一路东下，四川、重庆、湖南、湖北、江西、安徽、江苏、浙江等地区的民居，都采用了四水归堂式的建筑形式。

四水归堂民居的屋顶

江南民居的内部

西北的四合院

从江南到西北,那是完全不同的风光。在干旱少雨的黄土高原,窑洞几乎成为人们印象最深刻的西北民居。20世纪80年代流行过一首名为《黄土高坡》的歌曲,高亢、苍凉的曲调中蕴藏着人们对往日的回忆:"我家住在黄土高坡,日头从坡上走过,照着我的窑洞,晒着我的胳膊,还有我的牛跟着我。"窑洞按构造方式有不同的类型,顺着黄土坡修造的称为靠山式窑洞;在黄土地面向地下挖掘的称为下沉式窑洞。下沉式窑洞最为独特,具备完整的四合院布局特点,它的院落四四方方,院落四壁各自凿出几孔窑,四合而围,俨然四合院之形。

靠山式窑洞

下沉式窑洞

大型窑院

其他地区的房子

中国各地的地理环境、气候条件差异很大，人们因地制宜，形成了各自不同的建筑特色。中国是一个拥有 56 个民族的大家庭，各个民族有自己民族的文化、风俗习惯，所以房子的构造和布局有鲜明的地域风格和民族特色。让我们一起来看看吧。

福建土楼

福建土楼是因外墙体大部分是用夯土建造而得名。在古代，为了躲避战乱，一部分中原汉人迁移到江南，被称为"客家人"。为了适应山区环境，保护家族的安全，这些客家人结合汉族四合院的建筑样式，建造了极具防御性和造型特色的土楼。土楼的形式多样，有五凤楼、方楼和圆楼。圆楼绝对称得上是最神秘、最吸引人的中国民居形式之一。

开平碉楼

开平市是广东省著名的侨乡。因为开平地势低洼，每逢海潮和台风暴雨，就会发生洪涝灾害，加上这里早年盗匪横行，所以这 100 多年来开平人一直有出国谋生的传统。清朝时期，一些衣锦还乡的侨民便资助当地的亲属修建了这种既有西方建筑特色，又有防御功能的碉楼。

碉楼的大门和四合院民居的大门相比，比较低调。出于防御的目的，碉楼的墙面用水泥加固，更加结实。在顶楼设有便于射击的枪眼。屋顶风格变化多样，融合了中西不同的建筑风格。

傣族竹楼

傣族竹楼是传统的干栏式建筑形式，它是用木头和竹子建造的。早期竹楼屋顶铺茅草，现在大多铺瓦。屋顶的样式是歇山顶，正脊短，屋顶的坡面很陡。竹楼的一楼主要用来圈养牲畜或堆放杂物。一楼到二楼装有木制楼梯，不管多高，楼梯梯数一般为 9 级或 11 级。二层有卧室、客厅和晒台。傣族村落的房子都朝一个方向，整齐排列，人们认为两个房子的正脊相互垂直是不吉利的。

藏族碉房

不同于汉族民居以院落形式组合不同功能的房间，藏族碉房则是将仓房、牲畜圈、厨房、卧室、经堂等安排在一栋多层建筑内。碉房的外形方方正正，一般用石头堆砌。屋顶是平的，不仅可以用于日常活动，还方便晾晒粮食。屋顶的四角立柱，表达着对天的敬畏。窗子和门上都有遮阳板来遮光挡雨。碉房一般是三层，底层圈养牲畜，二层是客厅和厨房，三层有卧室和经堂。

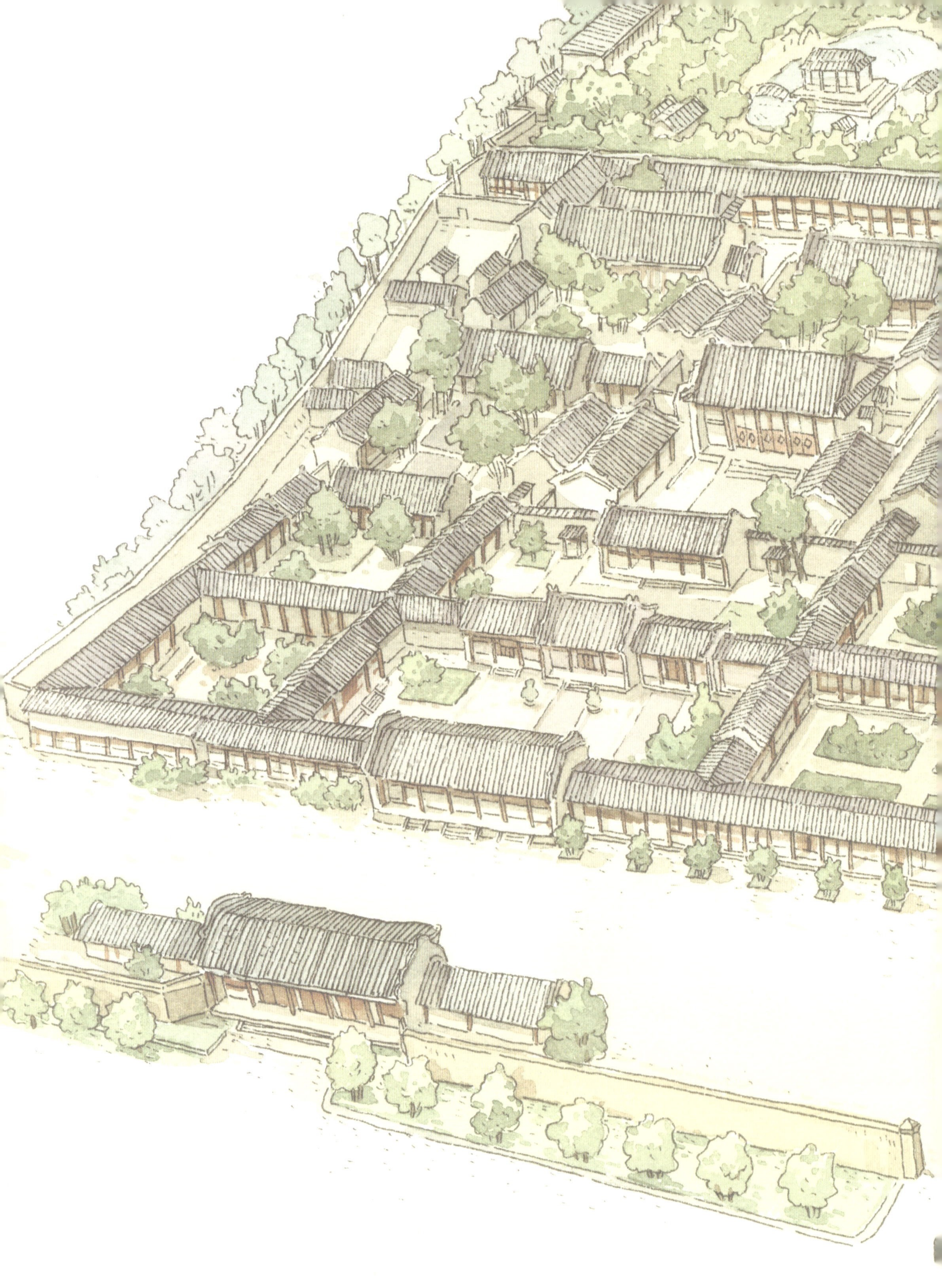

北京城与四合院

四合院是民居中的一种建筑类型，坐落在中国各地的四合院，每块砖瓦都打上那块土地的烙印，承载着丰富的文化内涵。提到四合院，让人们印象最深刻的要数北京四合院。

或许是因为北京是中国古代帝王留下的最后一处都城，或许是因为北京特有的文化气质，让北京四合院成为中国四合院建筑的典型代表。

让我们穿越时空看看古老的北京城和北京四合院的发展历史吧。

元大都的街道

北京城作为统一王朝都城的历史是从元朝开始，当时叫大都。了解北京四合院的历史可以从元大都的兴建开始。

元大都是由刘秉忠负责设计修建的，当时对城内大街小巷的宽窄做出明确规定：大街 24 步阔，小街 12 步阔。比小街更低一级的胡同，大约 6 步宽。一步大约 1 米，也就是大街宽约 24 米，小街宽约 12 米，胡同宽约 6 米。无论大街、小街，还是胡同，都能行车、走人，而民居则建在街道两侧。

元大都城内的大街小巷，呈棋盘状格局。这一格局直到明清时期没有太大的变化。而大大小小的四合院就建在街道和胡同分隔的空间内。

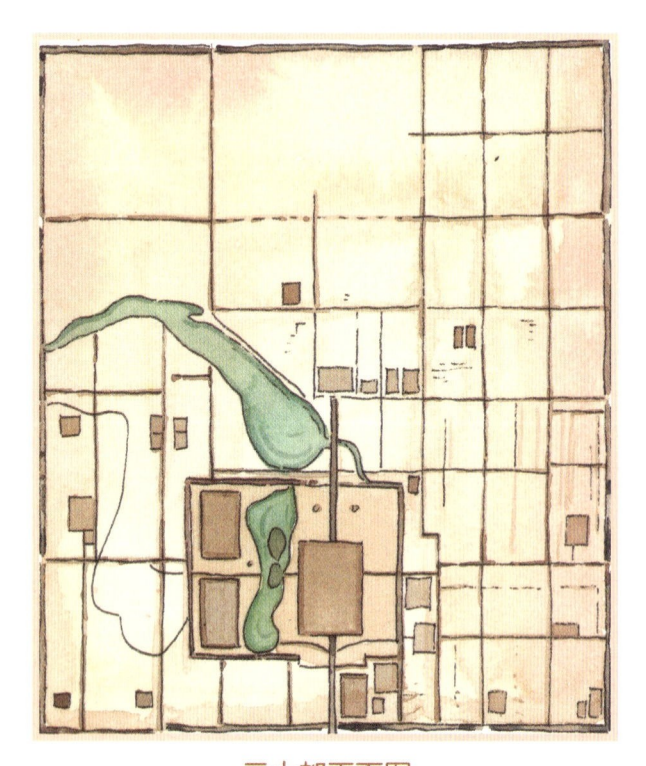

元大都平面图

元大都想象图

北京四合院的组合方式

一座城市，每个家庭的财力、人口不同，因此作为"家"的院落也会有大小之分。北京城街道、胡同两侧的建筑用地是固定的，合理利用这些土地，必然存在大院子、小院子互相搭配的问题。说起这个问题，先要讲讲决定院子大小的进深问题。

北京四合院的进深依院落的数目，一般分为一进、二进、三进、四进，每一进院落是一个完整的闭合空间，每增加一进意味着多了一个封闭的院落。

由于胡同间建筑空间是固定的，一般二进与二进院落背对背组合，分布在两条胡同之间；一进与三进院落背对背组合，四进院落则独自占用两条胡同之间的建筑用地。由于四进四合院大门开在前面胡同，后墙在背后的胡同，有时为了方便也会在后墙开一扇后门。

而一些王室贵族的府邸规模很大，往往不只四进四合院，也有五进、七进……这些超出两条胡同间建筑用地的院落，为了不破坏原有街道的交通格局，那么它们会建在什么地方呢？

二进院

二进院

一进院

四进院

胡同

三进院

胡同

35

北京城里的王府

1368 年，朱元璋称帝，建立明朝，定都应天府（今南京）。明成祖时期，迁都北京。为了加强军事防范，明朝在北京城的北部、西部驻扎军队，并设置了练兵场、武器库等军事用地。

到了清朝，满蒙已经建立了稳定的联盟，来自北方边境的威胁减小，北京城自然不需要那么多守军，于是腾出来大片的军事用地。

明朝的王室贵族一旦受封为王，必须搬到都城以外的封地，在都城城内一般不设王府。而清朝王室贵族都留在北京，需要修建大量王府，而这些王府都是占地较多的大型四合院落。如果既要保持城内交通格局不变，又要满足王府的占地要求，那么用腾出的军事空地来建王府成了两全其美的选择。

清朝北京城修建了不少大型四合院建筑群。老北京曾有句俗语"西城贵，东城富"。"西城贵"是指西城王府多，那"东城富"指的又是什么呢？

"东城富"指的是官仓多。当年大运河从东便门进入北京，沿东皇城根流入积水潭，为了运输方便，在东城修建了许多官仓。所以，东城官仓多。如今北京还有一些地名，如南门仓、北门仓、海运仓、北新仓、禄米仓等，就是当时的官仓名。

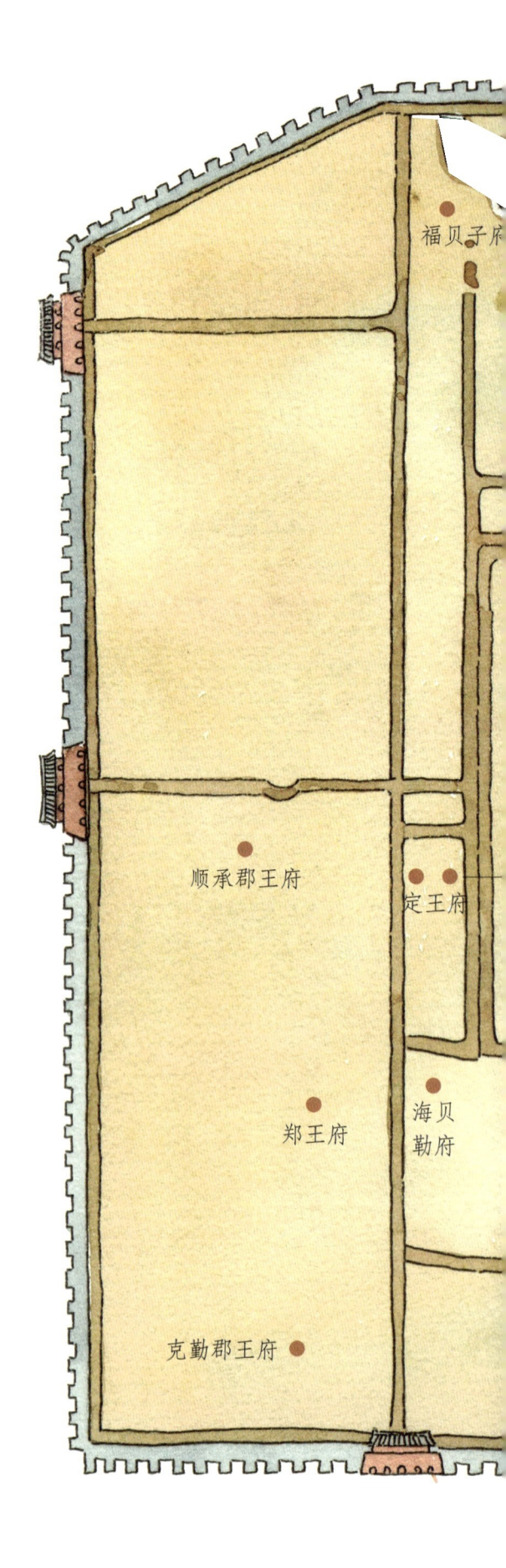

恭王府 那王府

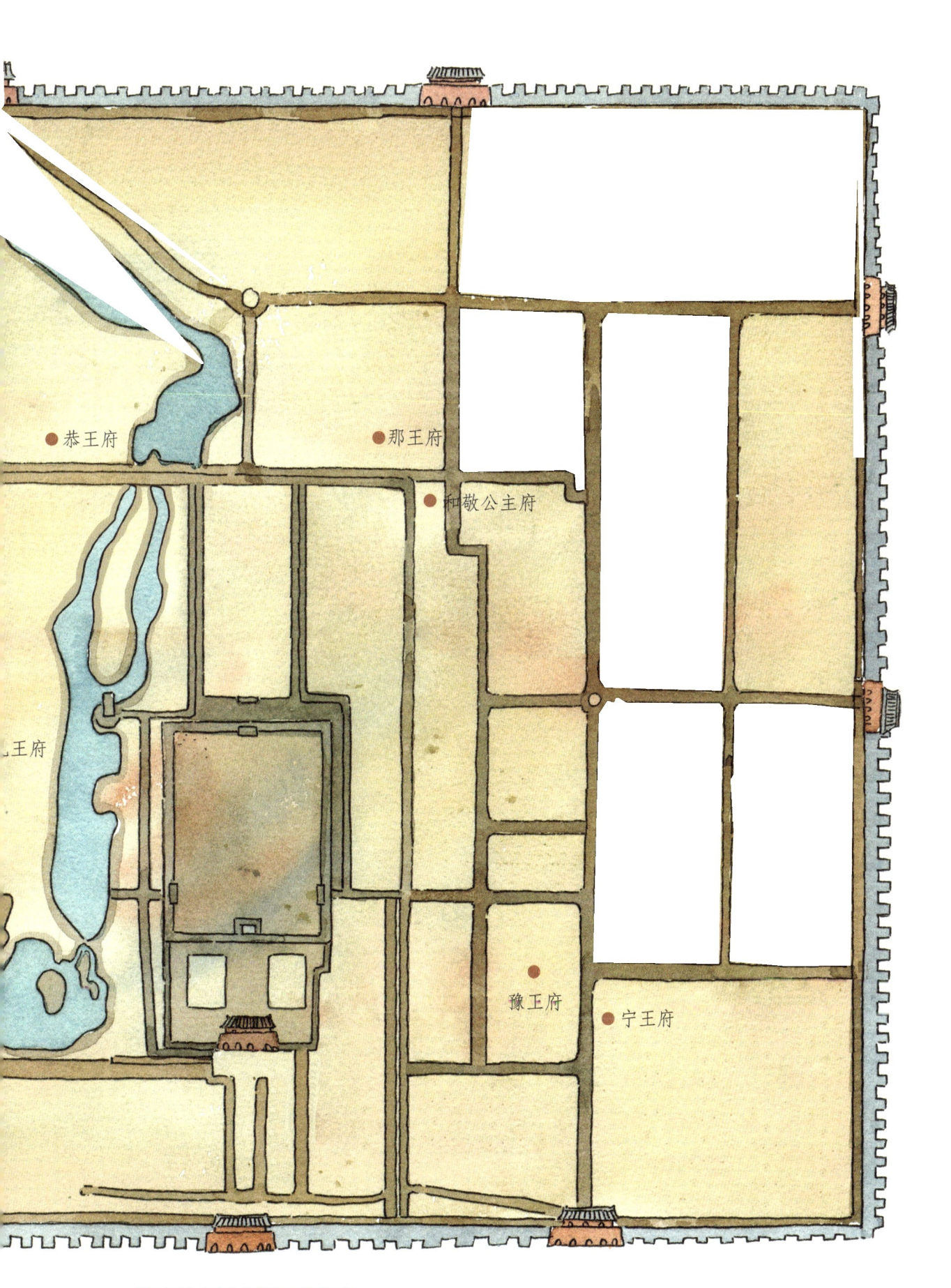

和敬公主府

王府

豫王府 宁王府

清末北京城主要王府分布

恭王府

清代最大的王府

王府作为大型四合院落古建筑群，往往还带有花园。清代最大的王府——恭王府，占地面积达6万平方米。它原本是乾隆年间权臣和珅的宅邸，和珅获罪后，它也更换了好几次主人，又被赐给恭亲王奕䜣。恭亲王曾调集百名能工巧匠重修王府花园，增置山石林木，再绘五彩遍装，融江南园林、西洋建筑为一体。重修后的恭王府花园被誉为京师王府花园之冠。

如果说恭王府花园为园中翘楚，那么位于金鱼胡同的那家花园也是园中精品。那家花园的主人为晚清重臣那桐，这个园子是仿江南园林建造的，东西布局，层层相套，形成大小意境各异的空间。如今，恭王府花园还在，而那家花园已被拆除。

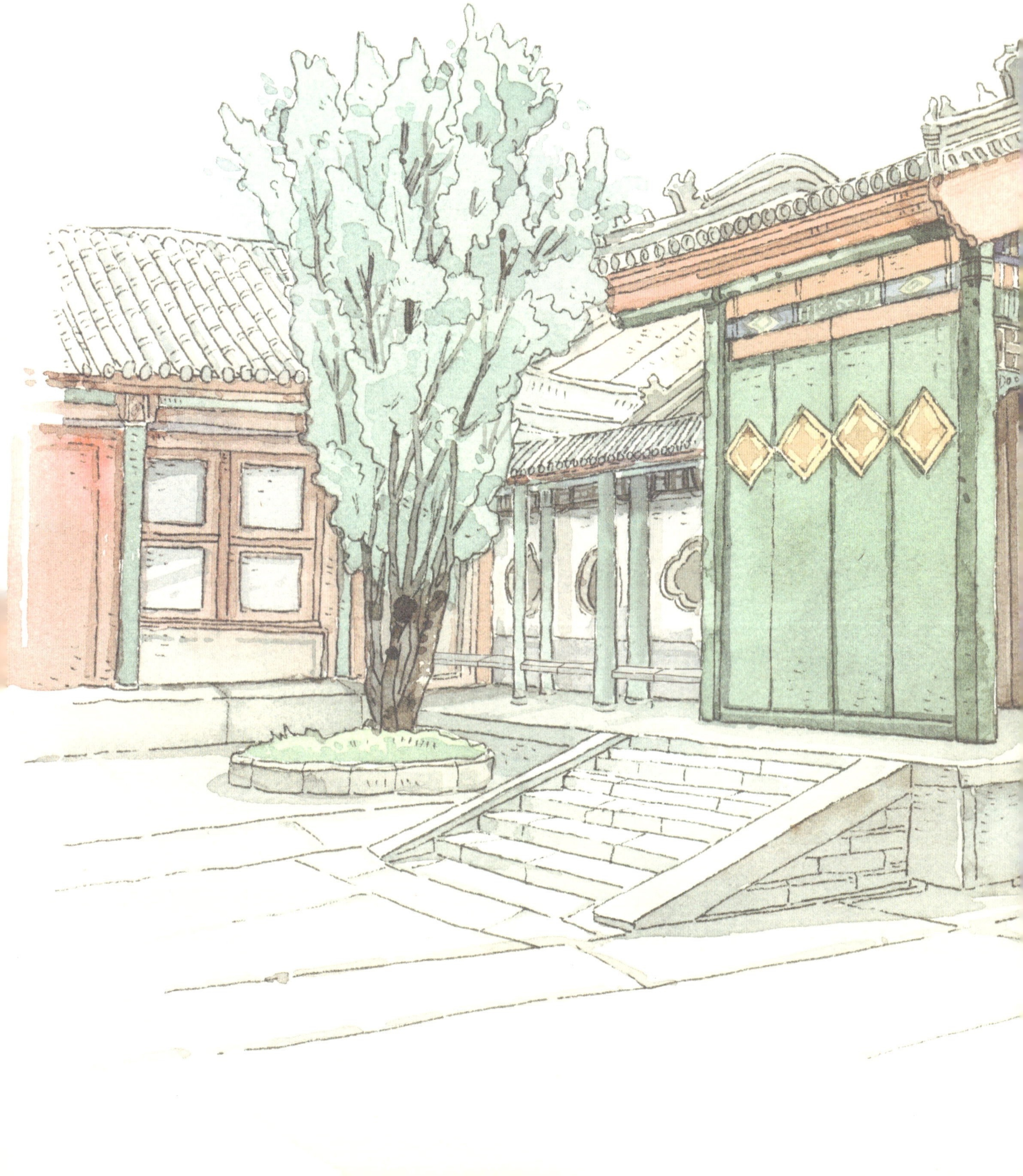

北京四合院文化

北京四合院蕴含着丰富的文化内涵，这种文化嵌于门簪之上，附于各种形式大门之中。院落构造体现内外有别，房间分配顾及长幼有序，院中一砖一瓦、一草一木的讲究都闪烁着传统文化的熠熠光辉。

正房
坐北朝南，采光、通风良好，一般是主人居住

后罩房
与正房平行，房屋进深不大

西房
也称西厢房，由儿女居住

二门
也称垂花门，它把院落分隔成了内院和外院

倒座房
因不朝阳，这里一般当会客厅或仓库

东房

也称东厢房,在中国文化里东为上,古代讲究长幼有序,所以东厢房一般是家中长子居所

北京四合院的构造

说起北京四合院文化,先从院落讲起。

以一个三进院为例,咱们一起看看典型的北京四合院的院落是什么样的。

走进大门,映入眼帘的是内影壁,左转入一进院再穿过二门(垂花门),就进入内院了。内院是四方的院落,北面一排是正房,坐北朝南。东西两侧分别为东厢房、西厢房,院子四周借着抄手游廊相互连通。三进四合院最里面的院落还修建着一排与正房平行的后罩房。

厨房

一般设置在东厢房的南侧,也就是影壁后面的房间

大门

四合院的大门一般开在院子的东南角,有顺风顺水的寓意

坐北朝南的三进四合院

北京四合院的大门

四合院的大门如同一个人的脸面,老北京话"门脸儿"这个词说的就是四合院的大门。在古代,谁家的大门建成什么样子,可不取决于主人的喜好,很大程度上要遵从朝廷的规定。朝廷会根据主人的身份、地位来规定四合院大门的样式、形制、颜色、装饰等方面。因此从每家每户大门的样子,基本就能推断出主人的地位了。

北京四合院的大门依照等级由高到低依次分为:王府大门、广亮大门、金柱大门、蛮子门、如意门、随墙小门,还有西洋门。这几种大门又分两类:一种是屋宇式大门,一种是墙垣式门。

王府大门

在清朝皇室宗亲的府邸采用王府大门,它是最高等级的屋宇式大门,设立在院落中轴线上,大门上有门钉,漆成红色。由于清朝的宗室爵位有级别差异,不同级别的宗亲贵族府邸大门也会有细微差别。比如,亲王府大门有五开间,其中三间开启,门钉横着7颗,纵着9颗,为金色铜钉;郡王府大门有五开间,三间开启,门钉为金色铜钉,共45颗;贝勒、贝子府大门有三开间,中间一间开启,门钉49颗,但是铁钉。

在清朝对于四合院大门有严格的等级规定,只有王府大门才可以使用门钉,门扇可以漆成红色,其他类型的四合院大门不可使用门钉,只能漆成黑色。

王府大门

广亮大门

广亮大门是等级仅次于王府大门的屋宇式大门，一般是高品级的官员住宅使用。广亮大门多位于院落的东南角，门扇安在门厅两根中柱之间，因为门扇处于正中，将门厅一分为二，所以门里、门外的空间一样大，北京人将这样的空间称为门洞。

广亮大门的前檐柱上装有雀替，雀替是中国传统古建筑的重要构件，安在梁与柱交接处，起承重作用，同时也代表了院落主人的官阶品级。广亮大门门口有上马石和拴马桩。

广亮大门

因为清朝等级森严，严格规定广亮大门"一间一启"，即两根柱子构成的一开间大门的规格，而且门都是黑色的。但黑漆大门并不符合人们的审美，于是，四合院的主人会在黑漆大门上贴一副红色对联，这样既不违反规定，又为黑漆大门增添了一些喜庆。

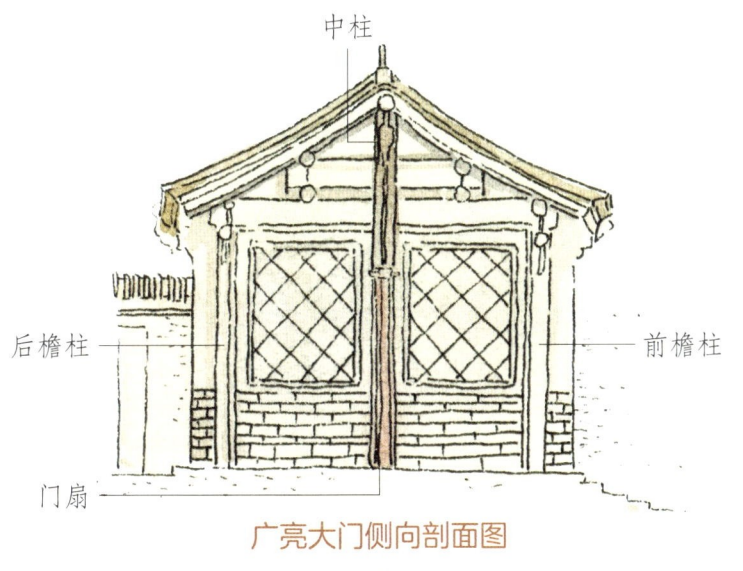

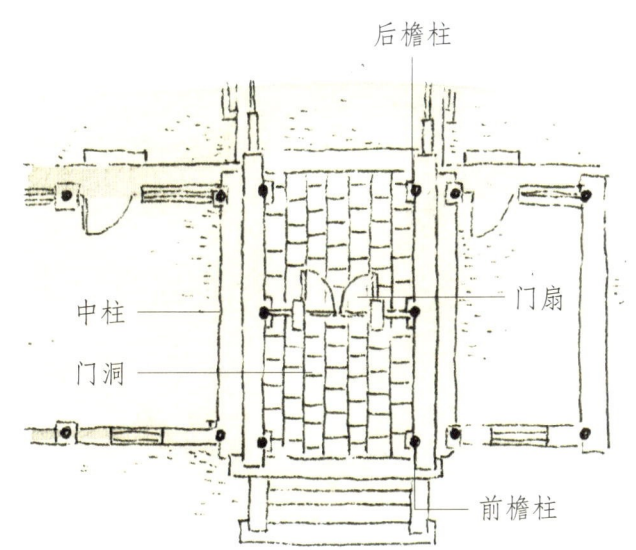

广亮大门

广亮大门侧向剖面图

广亮大门横剖面图

现在你还能在北京的哪些古建筑里看到广亮大门？

西城区什刹海白米斜街 11 号曾是晚清重臣张之洞的故居，这个宅院的大门就属于广亮大门。张之洞在中国近代史上赫赫有名，担任总督、巡抚，还曾任军机大臣，官居一品。

另外，位于东城区东四三条 35 号的车林巴布郡王府（简称"车王府"）的大门也是广亮大门。车王府是北京清代王府建筑遗产的重要组成部分，是研究清代王府建筑文化、规划及特色的重要实物，极具历史价值。

金柱大门

　　金柱大门的等级比广亮大门低一些。它的门扇安放在门厅前面的两根金柱间。大门外，面对街道的门洞较浅，而门里的门洞较深。与广亮大门相同，用金柱大门作为宅门的也是官宦人家。

金柱大门

金柱大门侧向剖面图（后檐柱、金柱、前檐柱）

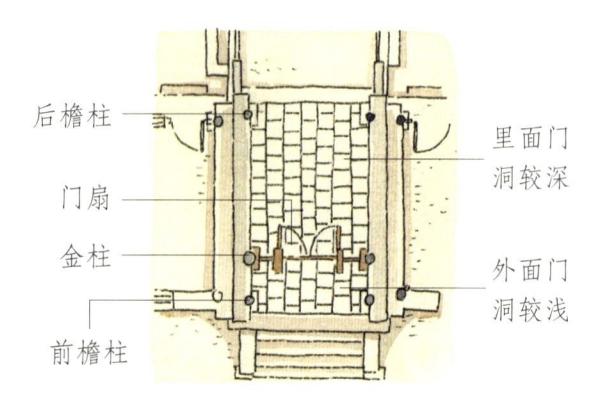

金柱大门横剖面图（后檐柱、门扇、金柱、前檐柱、里面门洞较深、外面门洞较浅）

北京哪些四合院是金柱大门？

　　位于东城区赵堂子胡同3号的朱启钤（qián）故居大门就是金柱大门。朱启钤是光绪举人，曾担任过北洋政府官员，是中国营造学社创始人。

蛮子门

蛮子门在等级上要低于金柱大门，高于如意门。

蛮子门的门扇安装在前檐柱上，大门外面不留任何空间，门洞全部置于大门里面，外观不如广亮大门和金柱大门气派。蛮子门没有雀替，也没有安装雀替的位置。这类大门，官员可以用，百姓也可以用。

蛮子门

前檐柱　　后檐柱

蛮子门侧向剖面图

四合院大门处处显示主人身份

广亮大门、金柱大门、蛮子门这几种不仅在样式和形制上能显示主人的官级，就连大门上的对联也能显示主人的身份和这户人家的家风。如"忠厚传家久，诗书继世长""岁绵新甲子，德厚富春秋""忠心贯家园，恕道希圣贤"。

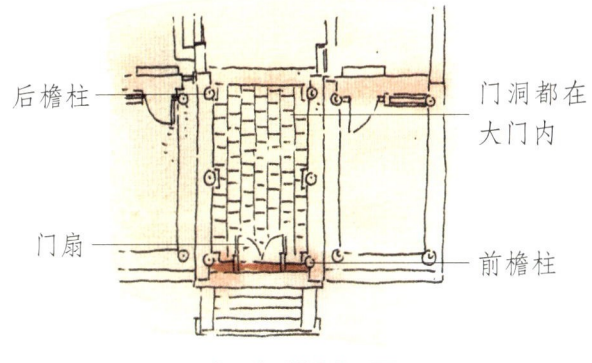

后檐柱　　门洞都在大门内

门扇　　前檐柱

蛮子门横剖面图

如意门

　　如意门是北京四合院最普遍的宅门，一般为百姓采用。这类大门的门扇安在前檐柱上，虽然也属于屋宇式大门，但门扇较窄，两侧砌有砖墙。如意门因上面的两枚门簪通常刻着"如意"两个字而得名。

门簪上的"如意"字样

门簪

门扇　　砖墙

如意门

北京哪些四合院是如意门？

　　西城区山西街甲13号本为一家山西商人所有，后被著名京剧演员荀慧生购得。这座坐北朝南的带花园的二进院落大门就是如意门。在封建社会商人和京剧演员即使有钱或有名，社会地位却不高，他们的院落自然要选择如意门。东西二条1号、3号、5号3处院子的主人是清代大臣松筠，这位出任过陕甘总督、伊犁将军、吏部尚书等要职的清代官员的院落，却采用了如意门。究竟是主人低调，还是后人因家道中落而改变大门，这些就不得而知了。

随墙小门

随墙小门是在院墙上开门。虽然院落的主人依心愿，打造了不同造型的门楼，但若论等级，这类大门的级别是最低的，住在院内的多数属于北京城的百姓。

西洋门

西洋门不同于王府大门、广亮大门、金柱大门、如意门，它们都是有屋顶、有开间的单体建筑。而西洋门不属于屋宇式大门。西洋门更像是在设计风格上融合了西方文化元素的牌楼，偏重于观赏性。大部分西洋门用于清代园林中，也有的设置在院墙上，作为进出院落的通道。

随墙小门

恭王府花园里的西洋门

北京四合院里的其他讲究

北京四合院不仅是建筑形式，更是中华传统文化的载体。北京四合院不仅大门的样式多，还有很多有趣的讲究，比如：四合院的大门位置开在什么方位？门墩儿的造型有什么寓意？为什么要在门口建影壁？"祸起萧墙"这个成语跟四合院有没有关系？迈进四合院大门，一左一右两侧各有一个月亮门，你该往左走，还是往右走？

大门的位置

王府大门都开在正中，其他的四合院大门基本都设置在院子的一角。若院子坐北朝南，大门往往设在院落的东南角；如果院落坐南朝北，大门则设在西北角，所以，进四合院大门后都是向左转，然后通过二门进内院。

其实关于大门位置的讲究，不只北京有，几乎华北地区都有这样的规矩。这是为什么呢？古人的宅院讲究藏风聚气，大门若在正南正北，气太直，不符合曲则成的原则。

门墩儿

"小小子儿，坐门墩儿……"这是老北京的童谣，那你知道门墩儿是什么吗？北京四合院无论大小，大门前面几乎都有门墩儿。门墩儿又叫门座、抱鼓石，它可不仅仅是建筑的装饰物，它的用处可大了。四合院的旧式大门，门扇与门轴是用同一块木板制作而成的。门轴就是门扇两端突出的部分，下端的门轴就插在门枕石上的窝儿里，而门枕石凸出在门外的部分，就是门墩儿。

门墩儿的形状主要有立柱形、抱鼓形，还有狮子形、箱形等。门墩儿上的雕刻纹样通常有人物、草木、动物，通过这些图案表达主人向往美好的心愿。

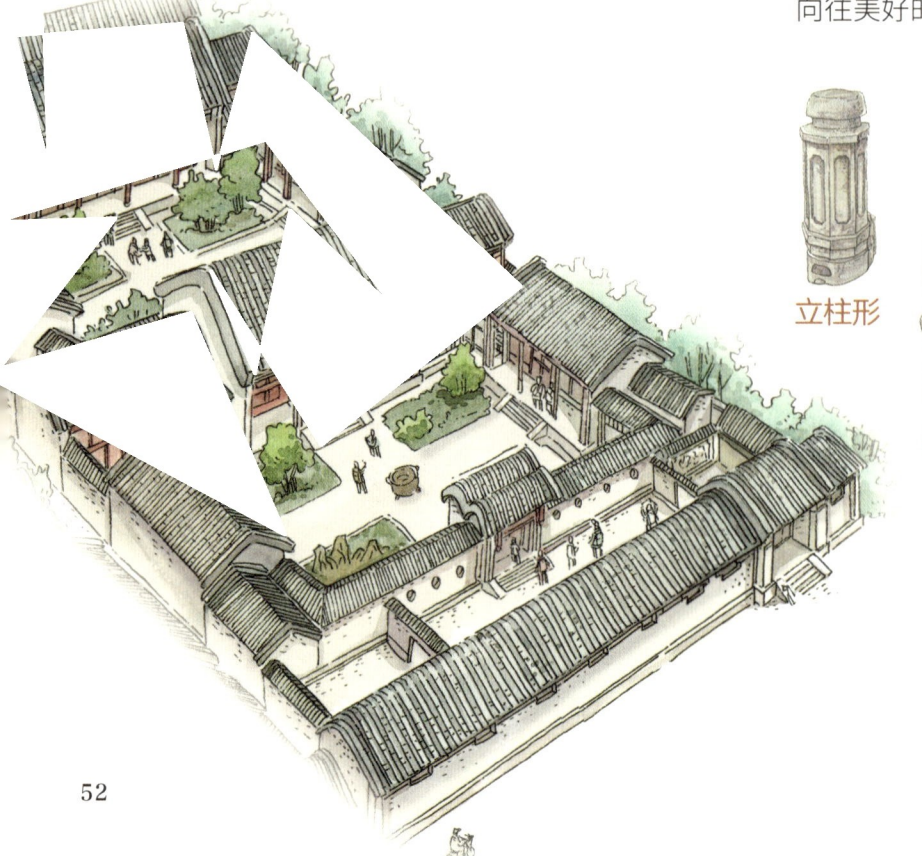

立柱形

兽面抱鼓形

狮子形

箱形

门环和铺首

门环钉在两扇大门靠近中缝的位置，是开关大门时的拉手，也在叩门时使用，由金属制成。衔着门环的底座被称为铺首。帝王宫殿大门的铺首是铜制鎏金的，图案多为虎、螭、龟、蛇、狮子等。

铺首衔环

上马石

上马石为台阶形，多为上下二阶，阶石垂直面上有雕饰。一般在广亮大门左右各有一座上马石，它们像两座石雕艺术品并列排在门前路边，为人们上下马车时提供方便。

上马石

门簪

门簪安在大门中槛上方，有点像女人头上的发簪，通常有4枚，也有的只有两枚，多是圆形或六边形。只有两枚的门簪上一般写"如意"二字；4枚的门簪上通常会写"福禄寿德""天下太平"等字样，有的还会装饰兰、荷、菊、梅等图案。成语"门当户对"中的"门当"指的是门墩儿，"户对"指的就是门簪。作为四合院大门的两个重要构件，门墩儿和门簪在古代都有门第等级之分，要与主人身份相符。

拴马桩

大多数拴马桩为独立的一根石柱，由整块的青石雕刻而成，柱身2米多高，柱头雕有狮子、猴等装饰，是我国北方独有的民间石刻艺术品。拴马桩一般立在大门两侧，相当于古人的"私家停车位"。

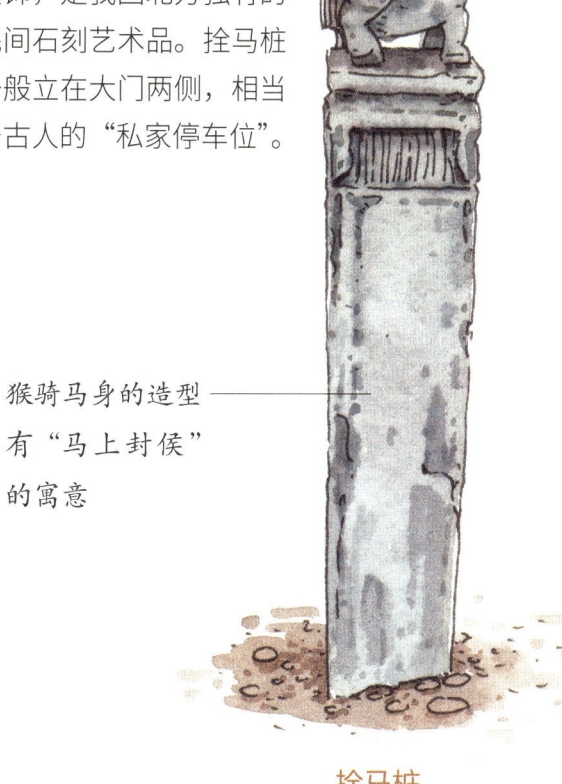

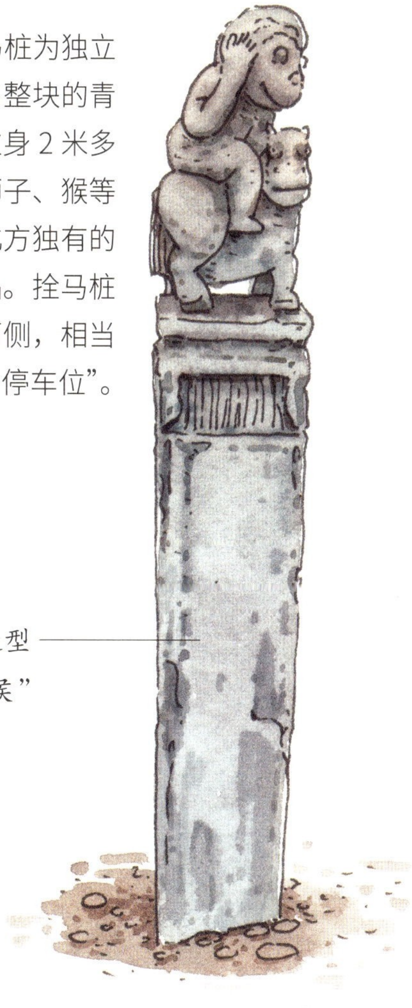

猴骑马身的造型有"马上封侯"的寓意

拴马桩

影壁

说起影壁，大家首先会想到紫禁城内著名的九龙壁。影壁不光出现在皇家宫殿建筑里，在老百姓的四合院里也不可缺少。

北京四合院的影壁依照位置可分为3类：院内的内影壁、大门两侧的八字影壁、大门对面的跨街影壁。

内影壁

有个成语"祸起萧墙"，"萧墙"指的就是内影壁。影壁置放在大门内，既是为了遮挡隐私，也是为了装饰。影壁通常用砖砌而成，由座、身、顶3部分组成。影壁上经常有松鹤同春、莲花牡丹、松竹梅岁寒三友、福禄寿喜这类吉祥图案的砖雕，既气派，又令人舒心。

内影壁分为两类：一类直接在正对大门的东厢房山墙上做些装饰，当作影壁；另一类为单独建造的影壁。

八字影壁

　　八字影壁位于大门的东西两侧。由于这种大门外的影壁占空间大，为此大门要向院内缩进几米，门前会显得十分开阔，在八字影壁的衬托下，宅门显得更加气派、豁亮。在古代，修建八字影壁的多为官宦人家。

跨街影壁

　　大门对面的跨街影壁，正对着大门，在胡同的另一侧。在古代，能够拥有这种影壁的多为贵族或朝中重臣。跨街影壁不仅代表着宅院主人的身份、地位，也拥有实际价值。正对着大门的影壁，不仅遮挡对面人家的屋瓦，也寄托了四合院主人希望官运、财运不外流的愿望。

倒座房

走进北京四合院大门，是一个狭长的院落，北京人称为外院。

外院只有一溜儿倒座房。北方人讲究住房的采光性，由于倒座房的位置和朝向严重影响了屋内光线，在古代，这里通常作为客房或者用人住房。如果这户人家住房富余，倒座房一般作为接待生客的客厅。

垂花门

界定内外的二门

从外院进入内院,还要经过一道门,这就是二门,也叫垂花门,由于古代规定除王府大门外其他大门的颜色一定要为黑色,但没有规定二门的颜色和样式,于是人们便把二门装饰得五彩斑斓,使二门成了整个院落最抢眼的地方。

二门开在内外院之间的隔墙,位于院落的中轴线上。

二门内外设有两道门,外门白天开启,夜间关闭。里面还会安装一道屏门,屏门在平时是关着的。这道屏门只有在贵客光临或者婚丧嫁娶时才打开,寓意喜气请进来,丧气走出去。平时人们从外门进入后,走外门和屏门之间的侧门,通过抄手游廊进入内宅。

往日大户人家的女眷,讲究"大门不出,二门不迈",也就是说二门之内的内院才是她们的日常活动空间。

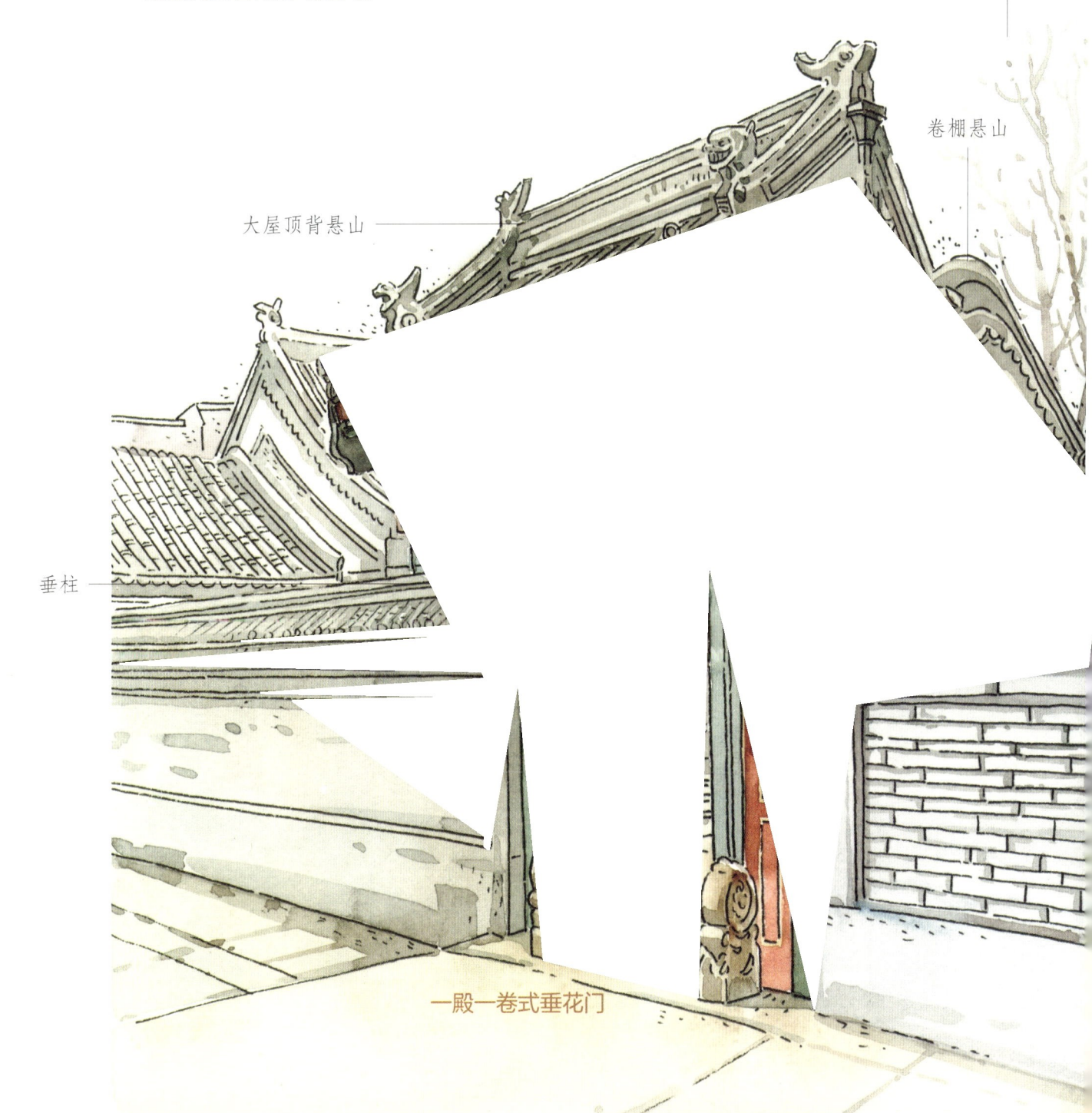

卷棚悬山

大屋顶背悬山

垂柱

一殿一卷式垂花门

抄手游廊

进了二门，就是内院了，这是主人的生活空间，也是整套住宅的主院落。跨进屏门两侧的侧门，就是抄手游廊。

抄手游廊是中国传统古建筑常用的走廊，它将二门和东西厢房、正房连接起来，沿着院落外墙设置，可供行走，也可供休息小坐。

抄手游廊

屏门

庭院的花草

四合院庭院中种植的花草也很有讲究。通常院内十字形甬路的中心会放置荷花缸或鱼缸，正房前的绿地上，最不能少的是藤萝架或葡萄架。院子里种石榴树，寓意多子多福；种玉兰树、海棠树、牡丹、大丽花，则寓意玉堂富丽。

如今，北京四合院留给我们的不仅是镶砌在老宅子中的砖瓦、种在院中的草木，还有人们对历史的记忆、对文化的传承。

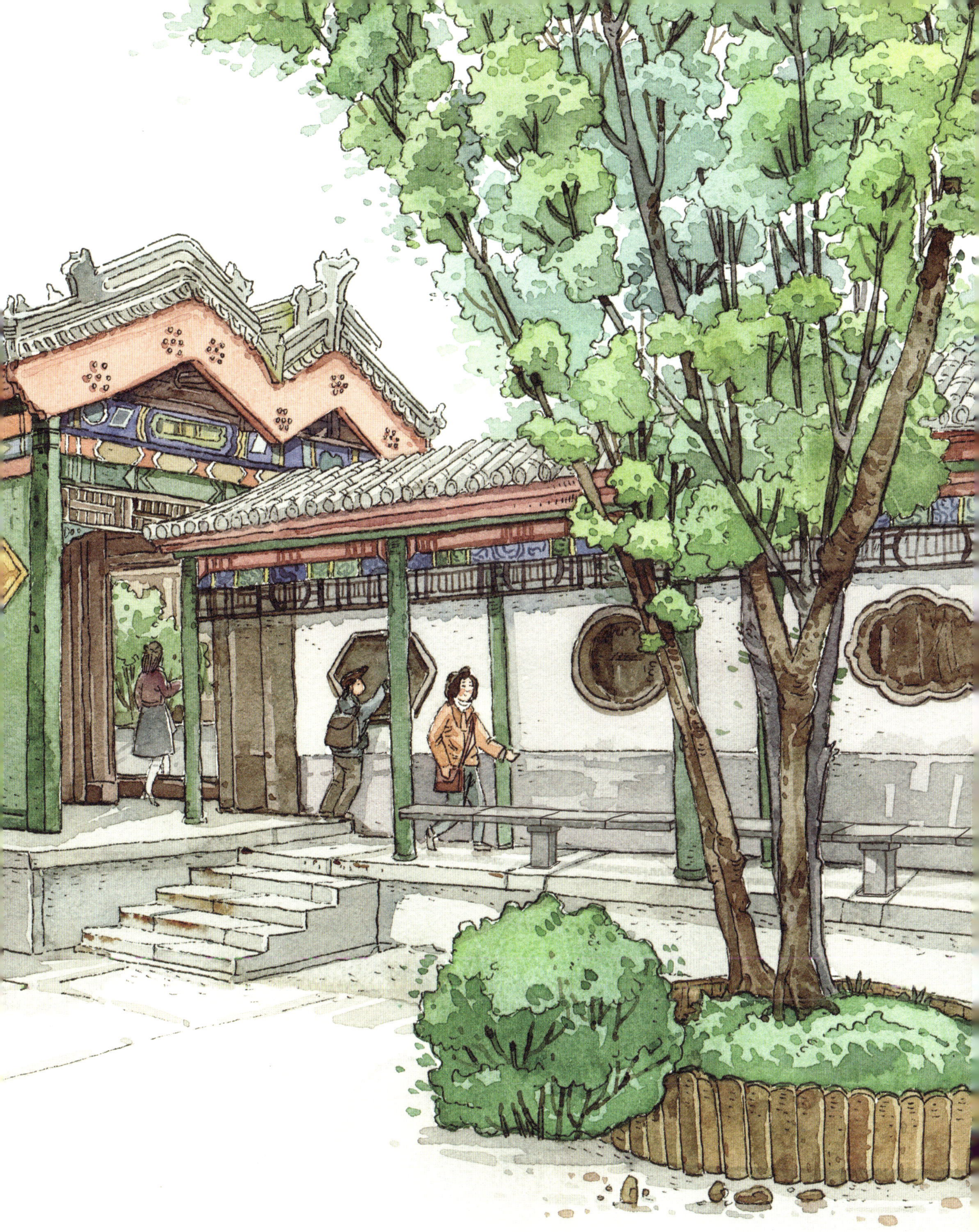

正房和厢房

院内正中的房屋为正房，两侧分别为东、西厢房。正房是院中采光最好的房屋。根据四合院规模不同，正房一般为 3 间，两侧各带一间耳房。家中的长辈住在正房，晚辈住在厢房。东厢房比西厢房更尊贵些，但在北方冬天迎着西北风，东厢房常一屋子沙土；夏天过午阳光直射时又特别闷热。于是，民间就留下了一句老话"有钱莫住东厢房，冬不暖，夏不凉"。以往，若家里住房富余，厨房会设在东厢房。

耳房

正房两侧各带一间稍微小点儿的房间，如同正房的两只耳朵，被形象地称为"耳房"。耳房一般由晚辈居住，或作为书房、库房等。

后罩房

三进院落属于标准四合院，坐落在最后一重院落的是后罩房或后罩楼。后罩楼与正房朝向一样，因为位置比较隐蔽，一般未出嫁的女儿住在那里。

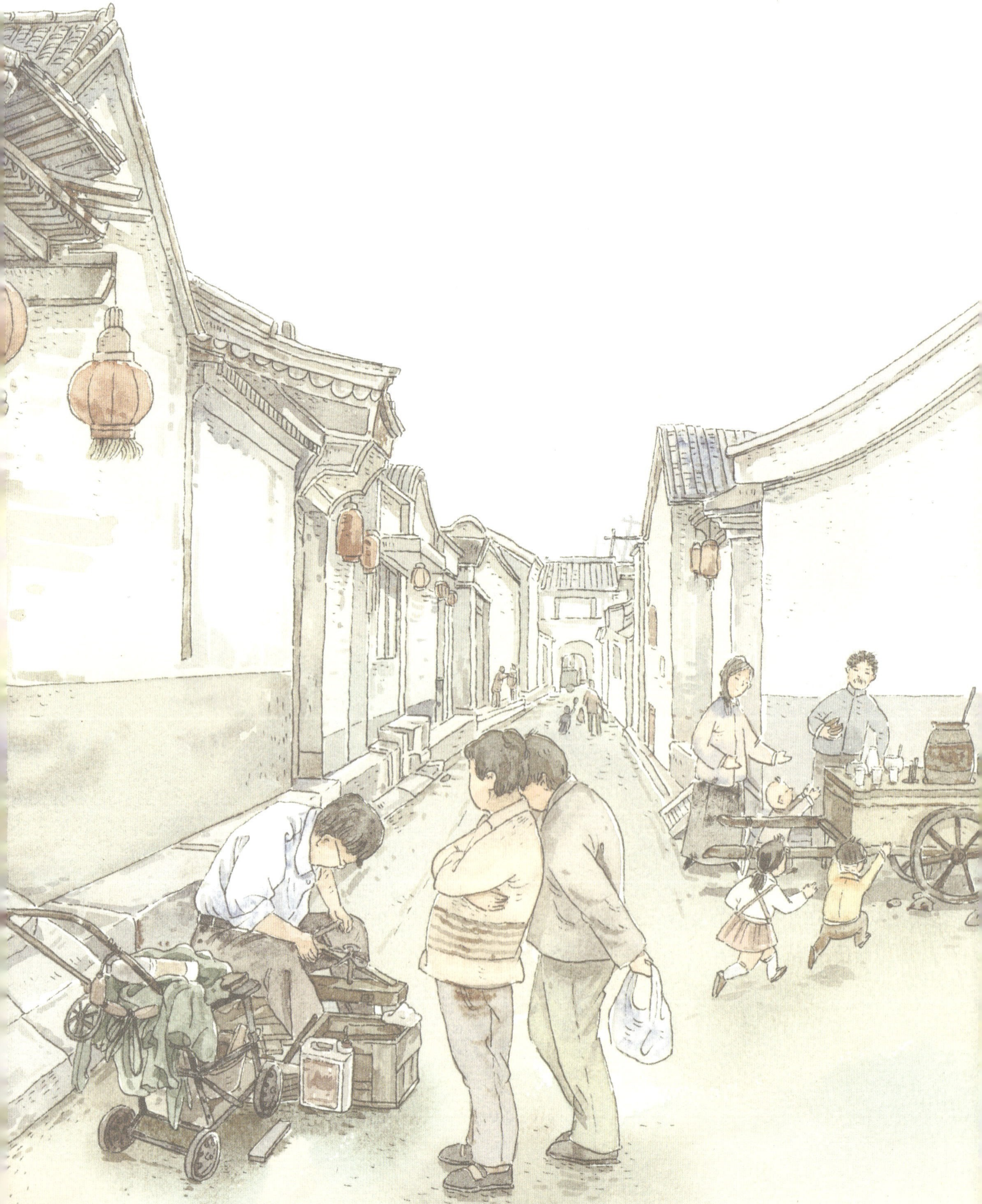

四合院里的童年

林语堂在书中曾写道:"北平是清静的,它是一个住家的城市,每家都有一个院落,每院都有一个金鱼缸和一株梧桐或石榴树。"住过四合院的北京人,都不会忘记院子里的童年往事。老北京的民俗、儿童的游戏、一声声的吆喝、一串串的笑声都在胡同里久久地回荡着。

老北京的岁时

人们根据一年四季的变化，有很多约定俗成的民俗活动。这样的民俗活动，大人走的是程序，到日子大家都做着相同的事。对于孩子可不同了，每个年节、每个节令都有令他们期盼和欢快的事。

寒冬腊月

北京人过年从腊月就开始了。对于孩子来说，喝上滚烫香甜的腊八粥，腊月才算开始了。

一入冬几乎每家的窗台上都会种一盘大蒜，半个月左右就会长出绿绿的蒜苗。大年三十，几乎家家都会在饺子馅儿里拌上这嫩嫩的蒜苗。

除夕夜，家家户户都会在院子里挑起红红的灯笼，照得院子里亮堂堂的。吃过年夜饭，孩子们还会在庭院里、胡同里放鞭炮。

春天

春天里，猫了一冬的孩子们最喜欢的事就是放风筝，大一点儿的孩子到城外空地上放；岁数小的就在自己家的院子里放。在孩子们的奔跑中、欢笑中，一只只蜻蜓、蝴蝶、燕子……各式各样的风筝摇摇曳曳，飞向天空。

夏天

夏日里,孩子们在藤萝架下、门洞里玩着他们喜好的游戏,拍三角、斗蛐蛐儿,拿着竹竿四处粘知了、逮蜻蜓。

夏日的傍晚,家中的老人喜欢带着小孩子们坐在门口卖呆儿。说起"卖呆儿"这个词,根儿上是东北话,融入北京话已不知多少年了,卖呆儿就是在街门口闲待、闲望。晚饭后,大家吆喝一声:"门口卖呆儿去。"老少几口拎着板凳,坐在门口台阶上一边乘凉,一边看着过往的行人。

夏天是孩子们最快乐的日子。几场雨之后,秋天悄悄地来了。

秋天

秋天是北京最美的季节，也是四合院中最舒服的日子。有很多在北京住过的文人，都用文字留下了对秋天的回忆。到了秋天，孩子们除了畅快地嬉耍，最期待的恐怕就数中秋节了。因为中秋节有好吃的月饼，自来红、自来白、翻毛、提浆……京味月饼的种类可真不少。农历八月十五那天晚上，全家聚在院落中，大人赏月，孩子嬉闹。

秋天过后，冬天又到了，还记得北京的那首童谣吗？

小孩小孩你别哭，过了腊八就杀猪。
小孩小孩你别馋，过了腊八就是年。
腊八粥，喝几天？哩哩啦啦二十三。
二十三，糖瓜粘；二十四，扫房子；
二十五，磨豆腐；二十六，炖羊肉；
二十七，宰公鸡；二十八，把面发；
二十九，蒸馒头；三十晚上闹一宿；
大年初一扭一扭。

院墙外的吆喝

早些年，老北京走街串巷的手艺人讲究的是吆喝，凭借的是响器。每个行当的吆喝与响器都不一样，住在四合院内，无论多深的院子，都能听到各类的吆喝声和响器声。

剃头

在老北京，剃头匠走街串巷，手里都拿着名叫"唤头"的响器，招揽顾客。在主人的邀请下，剃头匠进入院内摊开工具。院里来了剃头师傅，孩子们一定会围上来，一看师傅手艺，二看剃头匠那神奇的挑子。挑子的一头是箱子，里面有一把折叠椅，抽屉中有推子、剪刀、篦子、梳子、剃刀、刷子、扑粉、香皂等工具。另一头有脸盆架、脸盆，几条叠得整整齐齐、干干净净的毛巾。"剃头挑子一头热"，最神奇的是脸盆下的炉子，还带着木炭、火钳、扇子。

"唤头"长什么样子？

"唤头"，俗名棱子，由发声的音叉和铁棍组成。剃头匠一手拿着音叉，另一手拿着一根铁棍。铁棍插入音叉中，往上一挑，就会发出"嗡嗡"的声响，即使深宅大院里也能清楚听到这声音。

锔盆

老北京有首童谣:"锔盆,锔碗,锔大缸,缸里面有个小姑娘……"锔盆,锔碗,这是什么手艺呀?今天,碗摔碎了,一扔了事,几十年前可不是这样,普通人家对生活用品总是修修补补,轻易不会买新的。碗打碎了舍不得扔,盆摔破了舍不得换,缸裂缝了更舍不得丢掉。人们捡起碎片,等锔碗师傅来了就像缝补衣服似的把它修补好。修好后的瓷器看起来像被订书钉订过一样。锔碗师傅的响器是一种装在挑子上的小锣儿,随着挑子的摇动,发出叮当的声音。甭管多深的胡同,都能听到这声音。锔碗师傅先将碗片拼起来,用线固定,在打锔子的地方做好记号,再用金刚钻钻出小孔,用小槌将锔钉打入小孔,锔钉处涂上白色灰膏,一只碗就修好了。

有句老话叫"没有那金刚钻,就别揽瓷器活儿",说的就是这门手艺。

磨剪子、抢菜刀

"磨剪子来，抢菜刀"，这是老北京胡同里常听到的吆喝声。磨刀师傅手拿"卦连"，就是将5块铁片用皮条穿起来，拴在木把上的专用响器，一路走一路掂，"呱啦啦，呱啦啦"地响。

胡同里的其他吆喝

卖馄饨、汤圆、糖芋苏、糖粥的小贩大都敲梆子。各个行当使用的梆子，材料与敲打的音节长短高低都不同，听到什么声，就知道什么吃食来了。

货郎

最受欢迎的是卖货郎,他们的响器是小鼗(táo)(即拨浪鼓)。卖货郎边走边摇,小鼗发出清脆悦耳的声音。主要是卖些绒线儿、缝衣针、胭脂、扑粉、梳头油、雪花膏等小物件。

院子里的游戏

一晃童年就过去了，一晃大部分老院子换成了大高楼，四合院里的童年成了老北京人的记忆。但四合院外的吆喝声、院子里孩子们游戏时的欢笑声却一直萦绕在我们的耳边。

孩子们在院子里、胡同里经常掏鸟窝、斗蛐蛐儿、拍三角、弹珠、抽陀螺、撞拐、跳房子、跳皮筋、拽包……这是童年的快乐时光里少不了的经典的老游戏。

弹珠

这个游戏由来已久。弹珠的玩法很多，将对手的弹珠弹走，是这个游戏最大的快乐。弹珠通常是玻璃制成的小球。还有人以收集弹珠为爱好。

斗蛐蛐儿

因为雄性的蛐蛐儿有领地意识，特别好斗，人们就把两只雄性蛐蛐儿放在陶罐里，让它们激战。在中国，斗蛐蛐儿的历史特别久远。

撞拐

这是男孩子们喜欢的一种游戏，玩法是单脚站立，弯曲另一条腿，用弯曲的那个膝盖去攻击对方。谁先被推倒，谁就输了。

跳房子

院子里画上几个方块"房子",写上数字,单腿起跳,踢着一个布沙包,一个一个跳到另一端。与拽包相比,这种游戏玩起来就安静多了。曾经的老北京的四合院里谁家没有粉笔画出的"房子"呢?

跳皮筋

一座四合院,外院那处狭长的院子最适合跳皮筋了,几个女孩儿分成两组,皮筋的高度从脚踝处开始,一步步到膝盖、腰、胸、肩膀、耳朵、头顶,然后"小举""大举"。无论皮筋有多高,全凭用脚够,没够着的、跳错的都算输,输的下去举皮筋,换另一组接着跳。跳皮筋讲究的是脚步随着歌谣的节奏,一起一落,于是伴着"小皮球,香蕉梨,马兰开花二十一。二八二五六,二八二五七,二八二九三十一。三八三五六,三八三五七,三八三九四十一"的童谣,女孩儿辫子上的蝴蝶结上下飞舞,左右跳跃,成为院子里最美的一道风景。

拽包

拽包是男孩儿、女孩儿都爱玩的游戏。游戏的参加者分为两组,两侧砍包的为一组,中间躲包、接包的为另一组。砍包的一组需要准而有力,中间的那组既要躲包,又要找机会接包,蹦跳、躲闪、转身,每个动作都透着机敏。整个游戏紧张快乐,很像对垒的两支军队,进攻、防守各占一方,乐趣无穷。